GUERREROS

DEL

TIEMPO FINAL

JOHN KELLY
CON PAUL COSTA

BUENOS AIRES - MIAMI - SAN JOSÉ - SANTIAGO

www.editorialpeniel.com

Guerreros del tiempo final
John Kelly

Publicado por:
Editorial Peniel
Boedo 25
Buenos Aires C1206AAA - Argentina
Tel. (54-11) 4981-6034 / 6178
e-mail: info@peniel.com

www.editorialpeniel.com

Copyright©1999 by John Kelly and Paul Costa
Originally published in the U.S.A. by Regal Books,
A Division of Gospel Light Publications, Inc.
under the title: *"End time warriors"*
Ventura, CA 93006 U.S.A.

Diseño de cubierta e interior: arte@peniel.com

Impreso en Colombia
Pinted in Colombia

Kelly, John.
Guerreros del tiempo final. – 1a ed. – Buenos Aires : Peniel, 2005
Traducido por: Cecilia Beltramone.
ISBN 987-557-060-5
1. Vida Cristiana-Oración. I. Beltramone, Cecilia, trad. II. Título CDD 248
176 p. ; 21x14 cm.

CONTENIDO

PRÓLOGO
El tiempo de levantarse......5

INTRODUCCIÓN
La campaña de Dios......9

LA VISIÓN
Ver la naturaleza de la guerra......17

TÁCTICAS ENEMIGAS DE ENGAÑO
Los campos de discernimiento maduran para la cosecha......29

EL PLAN DE BATALLA DE DIOS
Estrategias bíblicas para el éxito......43

LAS FORMACIONES RÍGIDAS FRACASAN
Legalidad, abuso de autoridad, miedo y falta de unción corporativa......59

AGOTAMIENTO DE LAS TROPAS
Cuando el liderazgo deficiente dispersa a los hijos de Dios......77

HERIDAS PROVOCADAS POR GUERREROS IMPRUDENTES
Dirigirse a la cruz para encontrar sanidad y perdón......97

RECLUTAMIENTO DE GUERREROS
Conocer el grado de autoridad que se tiene al
establecer y brindar ayuda a una iglesia......123

CAMPO DE ENTRENAMIENTO DE RECLUTAS DE DIOS
Entrenar a los líderes en amor y unidad......137

EL EJÉRCITO REMANENTE
El uso que Dios le da a los guerreros unificados......151

EN LA LUCHA DE LA BATALLA
Firmes en la fidelidad de Dios......161

EL TIEMPO DE LEVANTARSE

A lo largo de esta década he tenido la alegría de alentar a individuos de todo el mundo para que oren al "Señor de la cosecha". Todo esto con el propósito de levantar segadores ahora y en las próximas generaciones. Como director del Centro Mundial del Orante (World Prayer Center), en Colorado Springs, EE.UU., siempre busco revelaciones claves que animen al Cuerpo de Cristo en medio de los caóticos tiempos cambiantes en que nos encontramos inmersos mundialmente. *Guerreros del tiempo final* cumple con este requisito.

En este histórico desplazamiento del milenio, el cambio y el conflicto abundan en toda la Tierra y se propagan a un paso acelerado. Cada día el mundo cambia con tanta rapidez, que muchos despiertan con preocupación. Buscamos a tientas estabilidad, equilibrio y posición. Nuestras instituciones sociales cambian a rápida velocidad de región en región; el mundo entero parece estar en un constante estado sísmico.

También es un tiempo de gran conflicto. Otra palabra para "conflicto" es "guerra": enfrentamiento con un enemigo, de naturaleza tangible o percepción imaginaria. Sin embargo, Dios, el Creador omnipotente, siempre ha tenido un liderazgo remanente, que se levanta en medio del conflicto. Él activa su fe y determina el curso de los eventos; Él moldea el mundo para generaciones venideras.

Dios posee un clero, una nación por encima de todas las naciones, a la que atrae hacia Él y le comunica los deseos de su reino para –de este modo– adelantar su victoria sobre la Tierra. Entonces Él le dice a este clero de creyentes, denominado la Iglesia: "¡Levántense y luchen hasta que vean establecidos mis propósitos para esta generación!" En *Guerreros del tiempo final* el apóstol John Kelly declara al Cuerpo de Cristo: "¡Ahora es ese tiempo de levantarse!"

El Cuerpo de Cristo se prepara para acercarse al próximo milenio con un espíritu y mentalidad triunfales. Cuando me encontré con John Kelly por primera vez, supe que había conocido a un líder, a alguien que comprendía la guerra y, ante todo, a alguien que conocía al General del Ejército al que yo me reportaba. Para ser victorioso en cualquier ejército, uno debe comprender la autoridad. En La Biblia aparece esa historia del centurión romano, otro soldado, que comprendía tan bien la naturaleza de la autoridad, que Jesús habló de él: *"Yo en verdad les digo, no he hallado a nadie con fe tan grande en Israel"* (Mateo 8:10). Al aprender los principios de autoridad contenidos en este libro, descubrirás que tu fe se fue incrementando a medida que leías, fe que puede ser tan profunda como la del centurión romano.

Este libro hará que los líderes reparen en cómo están construyendo el Reino. Cuando el Señor ascendió, les dio dones a los hombres para que su Iglesia pudiera ser construida. Construir significa sumar hijos e hijas hasta que la casa y la herencia del futuro estén a salvo. Jamás he leído un relato más vívido acerca de cómo y por qué construimos. Existe un modelo bíblico para el establecimiento de la Iglesia en el que no pueden prevalecer las puertas del infierno.

Este es un libro de orden. En la Palabra de Dios descubrimos que no solo Dios es el Creador de todo, sino que Él tiene en su mente creativa una secuencia de eventos que establece la victoria y el éxito en nosotros sobre la tierra. En 1 Corintios 12: 28 encontramos *"primeros apóstoles"*. El término "primeros" significa un prototipo. John Kelly comprende este orden y comunica la importancia de la autoridad apostólica en la batalla del tiempo final. En este mismo versículo encontramos *"segundos profetas"*. Sin discernimiento profético, ni visiones proféticas ni entendimiento revelador, no avanzamos, sino que retrocedemos. Este libro pone en libertad la visión y la comprensión para el progreso del Reino.

Por último, este es un libro sobre cosecha. Con principios de multiplicación y exhortación en contra del desperdicio, podemos hacer progresar al Reino con una mentalidad triunfadora en lugar de egoísta y pobre. El llamado a la unidad que nuestro Señor extiende al Cuerpo de Cristo predomina a lo largo de la lectura. Amo esta declaración en la visión de John Kelly a través de la cual siento que es transmitido el corazón de nuestro Señor en Juan 17:

Entonces todo cesó. En visión o sueño, nada más se me apareció. Luego el Señor me dijo: "No te mostraré el resto, ya que eso no es para que lo sepa ningún hombre. Hay hombres en mi ministerio que quieren una garantía del fin del tiempo. Quieren saber de antemano lo que va a suceder. Diles que es una batalla, y que, sin embargo, hay una unción colectiva para la batalla".

No conozco un libro que haya sido escrito recientemente, capaz de preparar nuestros corazones con visión para lo que está por venir en el fin de la forma en que se lo encuentra en *Guerreros del tiempo final*.

CHUCK D. PIERCE

LA CAMPAÑA DE DIOS

"Tus hijos e hijas profetizarán, los ancianos tendrán sueños y los jóvenes verán visiones. Hasta sobre mis sirvientes, tanto hombres como mujeres, derramaré mi Espíritu en aquellos días".
(JOEL 3:1-2)

La Biblia nos dice que en los últimos días nuestros jóvenes verán visiones y nuestros ancianos tendrán sueños. A juzgar por estos criterios, he llegado a la conclusión de que debo ser una persona de mediana edad. Francamente, disfruto de esta condición y de tener ambos: sueños y visiones.

En 1996 Dios me dio una serie de sueños y visiones durante un período de tres meses, que comenzó cuando mi esposa y yo orábamos e intercedíamos por otros ministerios. Por lo general los sueños y las visiones ocurrían en viajes ministeriales, mientras dormía, o en la privacidad de mi habitación, donde oro mayormente a solas y con mi esposa.

El contenido de estas visiones es significativo. Siento que debo darlo a conocer. Confieso, estos sueños y visiones se presentaban fragmentados y eran imposibles de ser comprendidos en el reino natural. Sin embargo, en octubre de 1996, mientras tomaba una siesta tan solo horas antes de hablar en nuestra Conferencia Ministerial Masculina de Ministerios e Iglesias Antíoques (Men in Ministry Conference of Antioch Churches and Ministries), me desperté con tres sueños que colmaban toda mi mente. Entonces el Señor me habló:

> Cuando esta noche te levantes para hablar, quiero que hables bajo mi espíritu de profecía. Los sueños y visiones que te he dado cobrarán sentido.

Confié en que Dios me llamaría y daría la unción profética, y en que yo transmitiría la interpretación bajo la forma de declaración profética. Descarté el mensaje que había preparado, ya que sabía que tenía que dar lo que Dios me había encomendado que diera. El Señor me bendijo mientras daba su mensaje esa noche, y este salió a la luz y en secuencia lógica con perfecto sentido.

Lo que Dios me mostró fue un grupo victorioso de guerreros. Provenían de todas las generaciones pasadas, desde el principio del tiempo. Lo que realmente me maravilló fue que los guerreros más fuertes pertenecían a los guerreros del tiempo presente; ellos eran hasta mucho más grandes y fuertes –espiritualmente– que los cristianos de tiempos bíblicos. Estos jóvenes guerreros habían recibido la suma total de verdad pasada y presente, y el obrar de Dios pasado y presente, de modo que había un poderoso crecimiento en sabiduría e impartimiento de parte del Espíritu. Se habían fortalecido tras haber sido discipulados adecuadamente en la casa de Dios (la Iglesia), nutridos por las madres de Israel y los patriarcas que derramaron sus vidas en ellos.

Los guerreros del tiempo presente poseen la ventaja de todas las cosas que Dios ha hecho y revelado a lo largo de la historia y, por consiguiente, son aún más fuertes que nuestros antepasados en la fe. Observé los rostros y el tamaño de estos guerreros, y pude apreciar que con cada generación eran más grandes. Estaban todos en la Tierra al mismo tiempo; ¡eso me pareció imponente!

Estoy considerado como alguien que pertenece a lo que se denomina como "personalidad de D-elevada", la clase de sujeto que cree que un objetivo claro al día mantiene alejado al doctor. Necesito tener una misión, una causa, un destino o una responsabilidad que cumplir. Una de las cosas que vi en el sueño fue que el Ejército de Dios constantemente entraba en valles y montañas, pero el enemigo se encontraba siempre del otro lado de la colina. El Ejército de Dios nunca se dirigía directamente al otro lado de la colina hacia el campo enemigo, sino hasta en mis últimas visiones. Tan solo el pensamiento de que el enemigo estuviese al otro lado de la colina y que no era atacado, me frustraba sobremanera, por no decir que me preocupaba, porque en cuanto del enemigo se trata, el Ejército de Dios tiene que ser el agresor. No entablar combate con el enemigo mientras creemos que estamos entablándolo, es un asunto muy frustrante.

Oía al Ejército de Dios que tocaba trompetas. Los vi pasar de un estado de alabanza y adoración a uno de preparación para la batalla. Con tristeza, vi al Ejército de Dios desperdiciar la unción que Él le había dado. Pude ver que el aceite de Dios brotaba de los vientres de los guerreros, pero así como el Agua Viva brotó, así simplemente se derramó sobre el suelo. Se suponía que esta agua asestaría contra las fuerzas demoníacas, pero no fue así. Luego, no obstante, en mi visión pude ver Agua Viva que brotaba de guerreros más fuertes –la nueva raza– y cuando esta tocaba a los demonios, se derretían, se disipaban y formaban un charco en el suelo.

El Señor me mostró los uniformes de su Ejército, de gran variedad de colores, y cómo se constituye un ejército multifacético de múltiple propósito. No estaba bien acampar en torno a una sola doctrina o a un solo mover del Espíritu, sino que más bien su Ejército tenía que adoptar todo lo que Dios había revelado en la verdad pasada y presente, y en el mover pasado y presente de su Espíritu.

Ser equilibrado no significa tener un poquito de esto y otro de aquello. Significa ser radical en todo lo que dice la Palabra de

Dios y adoptarla por completo. Me gusta referirme a mí mismo como presbiteriano, porque creo en la pluralidad de los mayores –siempre refiriéndonos a la espiritualidad de la persona–; como episcopal, porque creo en la autoridad de los obispos; como metodista, porque creo en las dinámicas de grupos pequeños; como bautista, porque creo en el bautismo por inmersión; como pentecostal, porque creo en el hablar en lenguas; como menonita, porque creo en la vida comunitaria de los santos, etc. Del mismo modo, necesitamos adoptar los variados movimientos carismáticos del Espíritu: palabra de fe, sanación, liberación, movimiento de la Última Lluvia, movimiento de los Hijos del Manifiesto, movimiento de Renovación, movimiento de restauración del gobierno eclesial, etc.

Dios espera que sus ministros constituyan una fuerza de lucha. Para convertirnos en una fuerte unidad luchadora, debemos establecer una alianza unos con otros. Los ministros tienen que estar dispuestos a contraer la misma clase de compromiso que contrae un pagano de dieciocho años de edad que se une a las fuerzas armadas. Cuando un no creyente de dieciocho años se une al ejército, a la marina de guerra, a la fuerza aérea, a la guardia costera o a la infantería de marina, se compromete con la visión total de las fuerzas armadas: proteger a su nación. Se compromete al hecho de estar bajo las órdenes del mismo Presidente –en nuestro caso, este sería el Señor–. Se compromete a no quebrantar las relaciones con las fuerzas militares a las que se ha unido.

Los sueños y las visiones que Dios me mostró tuvieron un efecto increíble en mí. Comprendí mi debilidad como ministro y comencé a preguntarme si no estaba haciendo algunas cosas para mi gloria, fama y beneficio personal, en lugar de anhelar que mis hijos e hijas espirituales fuesen triunfadores. Comencé a darme cuenta de que muchos hombres y mujeres de Dios, grandiosos y buenos, desperdiciaban sus vidas en esfuerzos vanos y medían el éxito basados en cuántos libros y cintas grabadas vendían, en cuántas eran las conferencias en las que predicaban, en lo grandes que eran las iglesias en las que lo hacían, en cuántos eran los cristianos a los que les predicaban, en cuánto dinero entraba en su ministerio, en cuánto dinero hacían, etc.

Nada de eso debería ser nuestra medida del éxito. Nuestro éxito debería medirse por la calidad de los hijos e hijas que se preparan para construir el reino de Dios. ¿Poseen ellos la visión de Dios? ¿Están decididos a cumplir el deseo de ver fructificar la visión de Dios sobre la Tierra (ver Mateo 11:12)? ¿Están ansiosos por ser proféticos y por adoptar una postura profética? ¿Están deseosos de adoptar una postura de principios elevados? ¿Gozan de un equilibrio entre el carácter y el carisma? ¿Comprenden la grandeza de una unción corporativa en contraste a una individual? ¿Se encuentran comprometidos con el éxito de unos y otros en la forma en que nosotros, los padres espirituales, deberíamos estarlo de sus éxitos? Estas visiones me han llevado a comprometerme conmigo mismo a construir casas más grandiosas y a nutrir a los discípulos que harán obras más grandiosas que las que ya he logrado.

No debemos mantener esclavizados a nuestra visión a nuestros hijos e hijas espirituales. Debe permitírseles que busquen con afán construir las casas –iglesias y ministerios– a las que Dios los ha llamado. Construimos iglesias de acuerdo a diseños hechos por el hombre y creamos sistemas piramidales y jerárquicos. Lo que sucede es que nuestros hijos e hijas no pueden levantarse por encima de este sistema y establecer sus propias casas.

Comienzo a entender mi propia mortalidad. Cuanto más viejo me hago, más me cansa jugar a la iglesia. Cuanto más viejo me hago, más descubro que deseo adoptar una postura en contra de las injusticias y de los pecados de la sociedad. Cuanto más viejo me hago, me siento más feroz con respecto a aceptar al enemigo. ¿Tendrá importancia mi fotografía en la portada de una revista? ¿Tendrá importancia el tamaño de mi cuenta bancaria? ¿Durante cuántos años debo dar mi vida por el bien del evangelio, y qué tendrá importancia para mí?

En el comienzo de mi ministerio me di a la tarea de formar discípulos, erigí a ancianos y a hombres ya asentados en el Señor –hombres que hoy son la cabeza de un ministerio– pero ahora me encuentro en la necesidad de volcarme en apóstoles jóvenes. Mi inquietud son los apóstoles –en particular aquellos que actúan como guardianes apostólicos solitarios– que podrían combinar maravillosamente sus fuerzas al forma parte de un equipo de apóstoles. Tendrían, todavía, oportunidades de construir sus propias redes, mas sus redes tendrían un grado de equilibrio mucho mayor. En lugar de tan solo ser evangélicos, proféticos, educadores o tener orientación a las misiones mundiales, estos apóstoles podrían aliarse con otras redes y ser radicales en todo lo que respecta a la Palabra de Dios.

Al principio no podía comprender los sueños y visiones que el Señor me había dado. Así como Josué no comprendió que le hablaba al jefe del ejército del Señor en Jericó (ver Josué 5:13-14), y como Nabucodonosor no comprendió quién era el cuarto hombre en el horno ardiente (ver Daniel 3:24-25), tampoco yo comprendí las visiones con claridad.

No fue sino hasta que se los entregué como señal profética a los hombres de nuestra Conferencia Ministerial Masculina, cuando me di cuenta de que el Guerrero que me había hablado era el mismo Guerrero que se encontraba en el horno ardiente y el mismo que confrontó a Josué en Jericó.

Soy un hombre bastante grande en tamaño y altura, pero este Guerrero celestial aparentaba ser al menos más de un metro más alto que yo, y mucho más ancho y corpulento. En realidad, me recordó cuando una vez, en Orlando, al doblar en la esquina de un centro comercial, me choqué, literalmente, con Shaquille O'Neill. Tengo 63 años de edad, pero cuando me topé con O'Neill todo lo que recuerdo es haber mirado directo a su diafragma. Me sentí como un niño. La diferencia de tamaño creaba la impresión de que un hombre maduro, mayor en edad, caminaba con un niño pequeño.

Comencé a darme cuenta de que el guerrero mensajero que me había encontrado tal vez, en realidad, había sido una cristofanía, la que no es más que el mismo Señor en la forma de un hombre. Durante todo este tiempo de conversación con el Guerrero me sentí como un niño, inmaduro. Me sentía cual pequeño que es tomado de la mano y guiado por su padre o por algún gran héroe, para enseñarle todas las maravillas de un museo. Sin embargo, en primer lugar, no creí que la figura fuese el Señor. Nunca antes puse en contexto la visión y los sueños hasta que hablé y, no fue sino hasta el final de mi relato, que el impacto de la identidad del Guerrero me golpeó. Este era el mismísimo Señor y no tan solo un ángel.

Lo que se encuentra en este libro a continuación es un mosaico de tres sueños y tres visiones que recibí en el término de un período de tres meses. Dios me dio estos sueños y visiones en múltiplos de tres, lo cual considero significativo, porque Dios generalmente realiza las cosas importantes en múltiplos de tres: la Trinidad; el cuerpo, el alma y el espíritu del hombre; el tribunal externo, el interno y el más sagrado de entre los santuarios del Tabernáculo, etc.

Cuando tuve el último sueño fui capaz de juntar las revelaciones y entender con claridad lo que Dios intentaba decirme. Dios me revelaba la condición actual de la Iglesia. Me daba una estrategia de guerra para el tiempo final dirigida a su Cuerpo. Este libro revela este plan de batalla, una guerra que podemos y vamos a ganar.

JOHN KELLY

CAPÍTULO 1

LA VISIÓN

VER LA NATURALEZA DE LA GUERRA

Cuando comenzó la visión caminaba por un campo en donde el pasto no estaba muy largo. Allí vi colinas verdes, florecientes, y sentí una placentera brisa refrescante rozando mi rostro. Luego sentí que el Señor me alzaba. Mientras era alzado en el aire, miré desde lo alto hacia mi derecha, donde pude ver un campo resplandeciente con oro. Una figura apareció delante de mí. No podía distinguirla por completo; sin embargo, gradualmente fue claro para mí que se trataba del Señor, vestido como un guerrero poderoso. El Guerrero me habló y dijo:

– Ese es el campo maduro para la cosecha, y lo que a tus ojos es oro resplandeciente, son almas.

Luego el Guerrero agregó:

– Ahora voy a llevarte a ese campo maduro para la cosecha.

Pero cuando me llevó al campo, allí no había nada. Tan solo podía ver fuego y humo en las nubes que flotaban por encima del campo. Pregunté:

– ¿Qué ocurre aquí?

El Guerrero me contestó:

– Debajo de las nubes, donde ruge la batalla, ahí se encuentra el campo maduro para la cosecha. –Hizo una pausa y luego prosiguió–: Las cosas suceden aquí en el aire.

LA LÍNEA DE BATALLA

Miré hacia mi izquierda, más allá de un campo abierto, en dirección a una serie de valles. En el primer valle se agrupaba una enorme fuerza combatiente de guerreros provistos con toda clase de armamentos y con toda clase de instrumentos de batalla que iban desde los más antiguos hasta los modernos. El Señor me llevó más cerca y pude ver que los guerreros, de hecho, eran pequeños demonios espantosos vestidos con uniformes.

Entonces Él dijo:

– Esta es la línea de batalla.

Luego el Señor me llevó por encima de la colina, hasta el siguiente valle, donde vi batallones tan numerosos que no logré contarlos. El Señor dijo:

– Cada uno de estos batallones representa a los hombres y mujeres de mi ministerio.

Cada batallón tenía una bandera, y esa bandera era su identificación. Representaba quiénes eran, la bandera bajo la cual peleaban. Se hallaba la bandera del discipulado, la bandera de la fe, la bandera de la liberación, la bandera de la santidad, la bandera calvinista, la bandera carismática, la bandera del pastoreo, la bandera pentecostal... y así sucesivamente. Los batallones eran grupos y denominaciones existentes en la actual iglesia evangélica.

Lejos en la distancia, logré divisar un pequeño batallón, pero no pude verlo claramente.

MINISTRAR CON PRECISIÓN

El Guerrero me preguntó:

– ¿Quieres divertirte?

– Sí –respondí, acaso un tanto vacilante.

– Observa esto.

El Guerrero hizo sonar su trompeta y todas las tropas del Señor se levantaron de sus campamentos y marcharon al campo. Subieron la colina y se dirigieron hacia el campo enemigo, pero antes de alcanzar la línea de batalla, todos se detuvieron.

Luego cada batallón formó un círculo y comenzaron a avanzar con precisión. Uno de los batallones era muy preciso. Otro batallón tenía las manos en alto y danzaban. Otros batallones lo hacían de varias maneras, dando vueltas al son de una música que solo ellos podían oír. Otros batallones simplemente permanecían de pie en sus círculos, pero todos los batallones estaban en esta formación.

El grupo pequeño que estaba solo al otro lado, ni siquiera respondió al sonido de la trompeta. Parecía como que nunca la hubiese escuchado. Supongo que estos hombres no tenían oídos capaces de discernir lo que decía la trompeta.

Mientras tanto los soldados enemigos habían salido de su campamento, y aguardaban al Ejército de Dios para librar combate. Cuando el Ejército de Dios formó sus círculos y no daba señales de batirse con el enemigo, los pequeños guerreros enemigos iban hasta donde se encontraban los batallones del Ejército de Dios y comenzaban a arrojarles dagas pequeñas, flechas, palos y piedras. Los demonios los maldecían y se reían de ellos, se burlaban del Ejército de Dios. Tres pelotones enemigos rodeaban los círculos que había formado el Ejército de Dios.

De entre medio de la lucha pude oír gritar a los soldados de Dios:

– ¡Estamos en guerra! ¡Estamos en guerra! ¡Somos el Ejército de Dios!

Al principio era emocionante ver al Ejército de Dios en el campo de batalla con la unción corporativa. Entonces el Guerrero me llevó más cerca y pude ver al enemigo con mayor claridad, se burlaba de ellos.

Luego el Ejército de Dios se dio la vuelta y regresó al valle de donde había venido.

ESPARCIR LA SEMILLA INCORRUPTIBLE

Me disculpo si esta parte de la visión ofende a algunos lectores, ya que no es esta mi intención. Esta visión es tan solo una imagen puesta en palabras acerca de lo que ocurre hoy en la Iglesia y es central para lo que Dios me ha mostrado. Más adelante en el libro intentaré explicar el pecado de Omán, que se menciona en las Escrituras, en Génesis 38:8-10. Las verdades pertenecientes a este segmento son aplicables tanto a hombres como a mujeres, a pesar de que el contenido se desarrolla en un contexto con orientación masculina.

Lo que vi a continuación, me horrorizó. Dije:

– No, esta visión no es de Dios. ¡La reprendo en el nombre de Jesús!

Entonces la visión se detuvo. Esto ocurrió una noche mientras no estaba en oración.

Otra noche tuve el mismo sueño. Me encontraba en el mismo lugar del primer sueño y vi los mismos sucesos. Dije, nuevamente:

– Reprendo esto en nombre de Jesús. Este sueño no es de Dios.

El Guerrero me decía con reiteración:

– Hablarás de esto en el Ministerio Masculino.

Él quería que yo transmitiera esta visión en nuestra próxima conferencia de hombres.

Luego me fueron dados el mismo sueño y visión, pero tan pronto como los reprimí, una voz me dijo:

– ¡Si me reprendes una vez más, a mí, el Señor tu Dios, te reprenderé a ti! ¡Hablarás de esta visión!

¡Lo que vi entonces, me dejó pasmado! Los hombres de los batallones habían formado círculos y esparcían su semilla en la tierra. Dije:

– Dios, ¿qué significa esta cosa sexual, impura y obscena que veo?

Dios replicó:

– No es nada de eso. Retira tu mente de ese lugar, no es acerca de eso de lo que hablo. Lo que ves son hombres y mujeres que desperdician la semilla de mi unción en sus ministerios, al no producir hijos e hijas espirituales. Sí, predican, profetizan y practican dones espirituales sobre mi gente, pero no construyen en mi gente. ¡Son derrochadores! ¿Acaso no habla La Palabra de mi semilla incorruptible y de la semilla corruptible? Lo que te muestro es que mi semilla incorruptible puede ser corrompida mediante el derroche y la disipación de mi unción.

Tras volver a mirar, la gente de los círculos aclamaba cuán lejos podía arrojar cierta gente su semilla.

VANIDAD DE LA CARNE

Esta vez el Señor hizo sonar su trompeta y el Ejército de Dios se levantó y regresó a su campamento. Entonces el Guerrero me dijo:

– Ahora, escucha.

Los soldados se exclamaban unos a otros:

– ¡Hombres, fuimos atacados! Hemos sido perseguidos. ¡Qué oposición! ¡Qué guerra! Derribamos fortalezas. Ahora podemos irnos y hacer una conferencia acerca del importante avance. Todos serán transformados desde ahora en adelante.

Y comenzaron a organizar conferencias del estilo y a celebrar una victoria tal como nunca antes había sucedido.

La gente pensaba que había estado en el campo de batalla, pero jamás lo había estado.

El Guerrero dijo:

– Se burlan de ellos debido a la vanidad de su carne, y ellos interpretan eso como una persecución.

Caí de rodillas exclamando:

– ¡Dios, me arrepiento! ¡Me arrepiento!

DIRÍGETE A LA LUZ

Hablando de los hombres que esparcían su semilla, el Señor me dijo:

– Hijo mío, ellos no saben lo que hacen. Toma tu crítica,

ponla al pie de la cruz y llora por estos hombres. Clama por estos hombres, ten compasión por estos hombres, ten piedad de estos hombres. –El Señor continuó–: Esta es una advertencia para no mezclarse con razas estériles e improductivas, es una advertencia para no mezclar la semilla incorruptible con la semilla corruptible. Esta es una advertencia dirigida a todos los batallones de mi Reino.

SIMPLEMENTE CONSTRUIR CASAS

Le dije al Señor:

– Al menos esos ministros hicieron un esfuerzo. Cuando sonó la trompeta, subieron la colina.

El Guerrero me reprendió diciendo:

– ¿Piensas en el pequeño grupo que se encontraba en la distancia?

– Sí, cuando hiciste sonar la trompeta, ese pequeño grupo nunca se movió.

El Guerrero preguntó:

– ¿Te gustaría ver qué hacían?

– Con mucho gusto –respondí– porque me gustaría predicar en contra de esa clase de conducta.

De esta forma el Señor me llevó donde el pequeño grupo esperaba.

El Guerrero exclamó:

– ¡Observa!

Hizo sonar la trompeta y el pequeño grupo nunca se movió. De repente sus miembros se dieron vuelta y retrocedieron. Exclamé:

– ¡No puedo creerlo, emprenden la retirada el mismo día de la batalla!

De hecho, el grupo había empezado a construir casas. Al menos los otros grupos habían hecho un esfuerzo por ir a la guerra, este grupo se contentaba con tan solo construir casas.

NOSOTROS, ¿CÓMO CONSTRUIMOS?

El Guerrero me dijo:

– ¡Observa esto!

Tocó la trompeta y jóvenes guerreros salieron de las casas. Tocó la trompeta una vez más, y los jóvenes guerreros se dieron vuelta y ellos mismos construyeron casas.

Tocó la trompeta una vez más, y de las casas nuevas salieron guerreros más jóvenes. Tocó la trompeta una vez más, y los guerreros más jóvenes construyeron casas. Tocó la trompeta una vez más, y de las casas salieron guerreros aún más jóvenes.

Luego dijo:

– Regresa conmigo al tocar la trompeta una vez más.

Frustrado, contesté:

– Aguarda un minuto, Guerrero, ¿qué ocurre con estos ministros? Cada vez que haces sonar la trompeta se dan vuelta y construyen casas.

– Disciernen correctamente el sonido del la trompeta –explicó–. Puesto que construyen mi habitación. Construyen mi casa. ¿Qué te parece si regresamos allí una vez más en vista de que no discerniste esto por ti mismo, adecuadamente? –Preguntó.

– Sí –respondí, mortificado.

ENTRENAMIENTO EN LA CASA

El Guerrero me llevó a observar al pequeño grupo nuevamente, ¡y quedé asombrado por lo que vi! Los jóvenes guerreros eran más grandotes, más musculosos y tenían aspecto más feroz que los guerreros mayores que ellos. De hecho, cada generación de guerreros era más musculosa y feroz que la generación anterior a ellos.

Estaba a punto de preguntar cómo hacían los guerreros para volverse tan fuertes, pero el Señor sabía que le iba a hacer esa pregunta y dijo:

– Porque cada uno se ejercita más arduamente en la casa donde se entrena.

A esta altura de los hechos supe que el Guerrero que me había mostrado todas estas cosas era, sin lugar a dudas, el Señor.

ATACAR EN FORMA SEPARADA

El Señor me preguntó:

– ¿Te sientes preparado para ver la unción corporativa en el día de la batalla?

Respondí:

– ¡Sí, Señor, estoy preparado para ver la unción corporativa en el día de la batalla!

La trompeta hizo resonar un fuerte y extenso llamado. Todas las tropas salieron de sus campamentos y se dirigieron a la cima de la colina. Allí se detuvieron. El Señor exclamó:

– ¡Míralos!

Pude ver que cada grupo llevaba una bandera distinta y que vestían uniformes de distintos colores unos de otros. El Ejército de Dios se preparaba una vez más para atacar al enemigo.

El Señor dijo:

– Este grupo los atacará a través de la fe. Este grupo los atacará a través de la disciplina. Este grupo los atacará a través de la liberación. Este grupo los atacará a través de su ministerio personal. Aquel es el batallón profético. Ese es el evangelista.

EL EJÉRCITO REMANENTE DE DIOS

El Señor propuso:

– Deja que vayamos e inspeccionemos a aquel pequeño grupo.

Fui con Él a verlo. Sus miembros no estaban en grupo como en los otros batallones que había visto, pero estaban formados en filas. No usaban todos el mismo uniforme. En la primera fila había hombres con uniforme de discipulado, de santidad, de la fe, con uniforme pentecostal, carismático... con toda clase de uniformes que puedan imaginarse. Acoté:

– Parece como una milicia heterogénea.

El Señor agregó:

– Estos son mis soldados de caballería especiales. Se los calificaban de inadaptados cuando estaban en los batallones más grandes. Su visión fue más allá de lo que su Iglesia acepta como normal. Eran inadaptados porque poseían algo que los agitaba por dentro, no podían tolerar quedarse parados en círculos esparciendo su semilla. Observa los uniformes de las tropas que se encuentran detrás de ellos.

Cuando miré un poco más allá de la primera fila, logré ver que el resto de las tropas usaban uniformes de muchos colores, mucho más parecida a la imagen mental que siempre he tenido del abrigo de muchos colores perteneciente a José. Los cuellos de los uniformes estaban hechos de todos los colores. Los soldados representaban a cada raza, a cada grupo étnico, a cada creencia teológica. Pregunté:

– ¿Por qué se han detenido aquí?

El Señor respondió:

– Porque analizan el campo de batalla.

FALTA DE FE

Desde donde se encontraban los ejércitos del infierno reunidos para la batalla, pude oír el griterío feroz de los demonios. De entremedio del Ejército de Dios un gran batallón denominado Fe comenzó a acercarse a los ejércitos del infierno, pero se dieron la vuelta porque no tenían fe. Seguían creyendo que el campo de batalla cambiaría, pero no fue así. Los ejércitos del infierno permanecían feroces y amenazantes.

El Ejército de Dios inició un ataque en el campo enemigo mientras que la Fe se quedó atrás. El pequeño grupo todavía tenía que realizar su movida. Una gran matanza se llevaba a cabo en el campo de batalla; el Ejército de Dios era derrotado por el enemigo.

Luego observé al pequeño grupo comenzar a formarse en forma de una cuña.

LA CUÑA

– ¿Qué están haciendo? –cuestioné.

El Señor respondió:

– Esta es la sabiduría que le fue otorgada a Moisés. Algunos han dicho que se trata de un principio elitista, algunos otros lo llaman jerarquía; sin embargo, formar una cuña es una táctica de guerra. Delante de cada mil guerreros, los capitanes avanzan primero, no en último lugar.

Los capitanes se ubicaban al frente de la cuña, y pude ver que, por detrás, cada generación formaba una nueva cuña. De hecho, había cuatro cuñas en total. Al entrar la cuña en el campo enemigo la batalla rugía con nuevas fuerzas. La segunda cuña era aún más agresiva que la primera. Empujaban literalmente a los guerreros más viejos al campo de batalla. Estos eran lo suficientemente fuertes como para pelear, pero la fuerza de los ministros que se ubicaban detrás de ellos era tal que la primera cuña fue conducida poderosamente al corazón del campo enemigo.

Finalmente se abrieron paso y rodearon por completo al ejército enemigo. El Ejército de Dios comenzó a matarlos, en el campo corría sangre. Entonces, de pronto, los guerreros de Dios, tanto los viejos como lo jóvenes, empezaron a correr hacia el campo que yo había visto en el principio de la visión, el campo en donde había fuego y humo.

GUERREROS DE ORACIÓN

Súbitamente el cielo se lleno de objetos que volaban por encima de las cabezas. Estas cosas provenían de las casas que yo había visto cómo se construían. Comprendí que esos objetos voladores, en realidad, eran las oraciones de los santos, que hacían guerra espiritual y derribaban poderes y principados.

Guerreros que eran evangelistas entraron al campo donde había fuego y humo. Allí, debajo del humo y del fuego, alcanzaban y sacaban almas doradas. Mientras hacían esto, comenzaron a formarse canastas de almas doradas en medio del campo de batalla. Se hizo una fila de estas canastas, la que se dirigió de regreso a las casas que habían sido construidas.

Algunos hombres salieron corriendo de entre medio de la batalla. Al principio creí que eran cobardes, pero el Señor dijo:

– Esos son mis pelotones de pastores que regresan para reunir la cosecha en mi casa y, así, encargarse de levantar generación tras generación hasta que yo venga.

SURGEN LOS CIMIENTOS

Luego vi apóstoles y profetas en el campo de cosecha, en el de batalla y de regreso a las casas. Los profetas profetizaban y las partes del Cuerpo comenzaban a reunirse. Los apóstoles enseñaban tácticas y estrategias. Pude contemplar cómo una poderosa fuerza combatiente tomaba forma bajo el mando de los apóstoles. Se llevaba a cabo una cosecha y, simultáneamente, se la convertía en una fuerza de combate.

¡MUÉSTRANOS!

Entonces todo cesó. En visión o sueño, nada más se me apareció. Luego el Señor me dijo:

– No te mostraré el resto, ya que eso no es para que lo sepa ningún hombre. Hay hombres en mi ministerio que quieren una garantía del tiempo final. Quieren saber de antemano lo que va a suceder. Diles que es una batalla y que, sin embargo, hay una unción colectiva para la batalla.

El Señor me mostró que el otro grupo también estaba ungido –el grupo que había sido derrotado por el enemigo con facilidad–.

– La suya era una unción individual –continuó– y cada hombre estaba por sí mismo en el campo de batalla. Debido a que estos carecían de unción corporativa, cuando un guerrero era atacado, no había otros guerreros allí para ayudarlo a defenderse del enemigo. ¡No peleaban espalda con espalda! Por otro lado, cuando uno tiene mi unción corporativa y el enemigo ataca, es como si atacara a *todos* los que conforman mi Ejército. La victoria no llegará por medio de la ferocidad de un solo guerrero, sino más bien, por medio de la ferocidad de los hermanos y hermanas que se le unen en la batalla.

CAPÍTULO 2

TÁCTICAS ENEMIGAS DE ENGAÑO

LOS CAMPOS DE DISCERNIMIENTO MADURAN PARA LA COSECHA

Caminaba por un campo en donde el pasto no estaba muy largo. Allí vi colinas verdes, florecientes, y sentí una placentera brisa refrescante que rozaba mi rostro. Luego sentí que el Señor me alzaba. Mientras era alzado en el aire, miré desde lo alto hacia mi derecha, donde pude ver un campo resplandeciente, con oro. Una figura apareció delante de mí. No podía distinguirla por completo; sin embargo, gradualmente fue claro para mí que se trataba del Señor, vestido como un guerrero poderoso. El Guerrero me habló y dijo:

– Ese es el campo maduro para la cosecha, y lo que a tus ojos es oro resplandeciente, son almas.

Luego el Guerrero agregó:

– Ahora voy a llevarte a ese campo maduro para la cosecha.

Pero cuando me llevó al campo, allí no había nada. Tan solo podía ver fuego y humo en las nubes que flotaban por encima del campo. Pregunté:

– ¿Qué ocurre aquí?

El Guerrero me contestó:

– Debajo de las nubes, donde ruge la batalla, ahí se encuentra el campo maduro para la cosecha. –Hizo una pausa y luego prosiguió–: Las cosas suceden aquí en el aire.

A primera vista el resplandeciente campo dorado se presenta como una cosecha agradable, pero las apariencias engañan. En realidad el campo estaba excesivamente vigilado por el enemigo. Al acercarme, encontré en el campo una batalla feroz, envuelta en fuego y humo. Esta es una clásica maniobra del enemigo, un truco de Satanás para hacer que *parezca* que estamos frente a una cosecha agradable, madura y lista para ser recogida. Cuando lo que nos espera allí es la resistencia del enemigo. La Iglesia entra desprevenida, sin un plan o estrategia, y se retira desanimada; obtiene muy pocos resultados, debido a que no tomó en cuenta que el enemigo obstruiría su camino.

VISIONES QUE FRACASAN

La cosecha que, en apariencias, está preparada pero no lo está, representa una visión fallida. Muchas visiones auténticas de Dios fracasan debido a que, dadas tales revelaciones, los servidores encuentran resistencia espiritual y fallan en el cumplimiento de los deseos de Dios. ¿Cuántas veces hemos escuchado: "Dios me dijo que tengo que hacer esto...", tan solo para descubrir meses o años más tarde que la visión naufragó porque los soldados a los que se les encomendó la tarea fracasaron en llevar a cabo el objetivo del Señor?

LAS VISIONES SE VEN AFECTADAS POR LA DISFUNCIÓN EMOCIONAL Y LA MANIPULACIÓN

Muchas "visiones" salen de disfunciones emocionales en el corazón de una persona. Los cristianos que presentan mucha hambre de atención, tienen visiones para llamar la atención. Estas son revelaciones generalmente apoyadas en varios miedos e inseguridades.

Estas paranoias nos influencian a la hora de determinar la dirección en la que se dirige Dios. De esta manera, cuando vemos al campo maduro para la cosecha –es decir, una visión genuina– no entendemos a Dios porque estamos influenciados por muchos otros factores. Terry King, misionero apostólico que ha servido como pastor y misionero extranjero durante años, dice:

"Defino a la manipulación como un recurso hábil y obligatorio para hacer que otros se ocupen de nuestro mandato. A mí me parece que, en la mayoría de los casos, la tentación de manipular proviene de nuestras propias inseguridades. ¿Por qué será que el ministerio parece atraer a tales hombres inseguros? Pienso que la respuesta sería que todos nosotros somos inseguros. Los hombres son inseguros. Considero que es parte de la maldición que tenemos que superar en Cristo. Mas en efecto, parece que el ministerio de veras atrae hombres particularmente inseguros. Hemos aprendido a tapar esa inseguridad con toda clase de cosas. Parece ser que una de esas cosas es la manipulación, el forzar u obligar a la gente a hacer la clase de cosas que queremos que se hagan, de tal modo que nos sentimos como si estuviésemos dirigiendo. Me parece a mí que esto no es liderazgo en absoluto".

VISIONES FALSAS Y ENGAÑOSAS

En Ezequiel 12:24 está escrito: *"De hoy en adelante no habrá más visiones mentirosas ni adivinaciones engañosas entre la gente de Israel"*. Existen las visiones legítimas y verdaderas así como también existen las visiones –adivinaciones– falsas y engañosas. Si no comprendes la visión de Dios, quedas expuesto a la imaginación insustancial de otra gente (ver Jeremías 23:16-32).

Las visiones falsas y engañosas a veces son los deseos del corazón del hombre (ver Jeremías 14:14). Nuestra carne grita por ser re-

MUCHOS

LÍDERES

SINCEROS DE

DIOS

LUCHAN

CONTRA EL

ATRACTIVO

DE LAS

VISIONES

FALSAS Y

ENGAÑOSAS.

conocida y valorada: "Dame tu dinero y ganaré el mundo para Cristo en tu lugar". ¿Cuántas veces hemos escuchado eso en televisión? No me importa lo grande que logre ponerse una persona o un grupo, aún así, tan solo representa una parte de lo que Dios hace en todo el mundo. Lo mejor que podemos hacer es unirnos a nuestros hermanos y hermanas de todo el mundo para ganarlo para Cristo.

Una visión falsa o engañosa siempre empujará a un cristiano o a una iglesia entera directo hacia la tentación. Cada uno de nosotros somos tentados por las visiones falsas y engañosas. Creo que muchos líderes de Dios sinceros, luchan contra el atractivo de las visiones falsas y engañosas. Cuanto mayor sea el éxito en el ministerio, mayor será la tentación de pensar: "Soy el instrumento elegido de Dios". Al igual que en la visión, vemos el campo maduro par la cosecha e inmediatamente pensamos: "Esto es mío, Dios me ha dado esto, debo construir una estructura para contenerlo, cuanto antes debo influir todo lo que pueda para trabajar en la construcción de lo que Dios me ha mostrado".

¡Algunas visiones de las que oímos son increíbles! Oímos acerca de ministros que dijeron que si no construían una edificación en particular, Dios iba a pisarlos y aniquilarlos. Conozco a alguien que dijo que Dios le ordenó construir un hospital, pero unos pocos meses después de construirlo, lo vendió. Realmente tienes que sacarte estas ideas de la cabeza.

La razón por la cual no entendemos el propósito de Dios, es porque no comprendemos la visión de Dios. No entendemos qué busca o qué desea encontrar cuando regrese. No vendrá a buscar la visión realizada de una gran iglesia blanca en una colina. Vendrá a buscar una Novia que haya trabajado con afán en su obra: la construcción de su Reino.

EL "UNIPERSONAL"

Cualquier líder dinámico puede tener una visión, pero ¿proviene de Dios esa visión? Estos "unipersonales" han encendido dramáticas catástrofes en el pasado.

Jim Jones:

Comenzó como ministro pentecostal y fue ordenado por una de las principales denominaciones pentecostales. En algún punto, cruzó la línea. Se alejó de La Biblia, formuló su propia doctrina y enseñanza. Mediante su personalidad carismática, muchos fueron engañados tras pensar que se trataba de la unción de Dios y, por el contrario, se trataba de una unción demoníaca. Tenía visiones falsas y engañosas, antes bien, las visiones eran un disparate cósmico. Todo concluyó en un desastre cuando el líder de este culto forzó a sus seguidores y a sí mismo a beber Kool-Aid envenenado. En televisión las noticias mostraron los cuerpos hinchados sin vida de sus seguidores –hombres, mujeres y niños– que yacían uno junto a otro en un campo de Guyana.[1]

David Koresh:

Este autotitulado "mesías", proclamado líder de la Branch Davidian en 1990, eventualmente llevó a docenas de sus seguidores a un final horroroso tres años más tarde. Docenas fueron masacrados por tropas federales durante un período de cincuenta y un días de asedio del área cerrada perteneciente al líder religioso, en Waco, Texas. Koresh, conocido por haber memorizado extensas porciones de la Biblia, logró engañar a la gente.[2]

Marshal Applegate y el Heaven's Gate Cult (Culto del Portal del Cielo):
Este culto causó la muerte de treinta y nueve hombres y mujeres en San Diego, California. Esta gente murió creyendo la mentira más atroz: que una nave espacial estaba esperándolos para recogerlos.[3]

En cada una de estas instancias el demonio se burló de los cristianos y muchos no creyentes desdeñaron la fe. Sin duda todos ellos habrán pesado: "Vean lo que sucede cuando te vuelves demasiado religioso". Todos estos unipersonales tenían apariencia de cristiandad; sin embargo, cada líder y cada grupo estaban muy lejos del verdadero reino de Dios.

Los líderes religiosos carnales con visiones y personalidades fuertes y manipuladoras, son muy peligrosos. Hasta puede ser que prediquen el evangelio, pero no le son fieles a la fe. Algunos líderes incluso podrían tener una herencia cristiana, hasta cierto punto (Jim Jones y David Koresh eran, ambos, predicadores, y Marshal Applegate era hijo de un predicador), pero están lejos de serlo (ver Tito 1:10-11; Judith 3:4).

VISIÓN FUNDAMENTAL

¿Cómo nos mantenemos en curso por el reino de Dios? ¿Existe una forma en la que no seamos inducidos a tener visiones falsas y engañosas, a construir nuestros propios reinos o a ejecutar unipersonales? Existe una forma.

Construir el Reino para preparar la venida de Cristo es la brújula que nos mantiene a todos moviéndonos en la misma dirección. Esta brújula es vital. Cada cristiano debería tener la misma visión fundamental de construir el Reino en preparación para la segunda venida de Cristo (ver Mateo 6:33). Todas las demás visiones son secundarias respecto de este objetivo fundamental, y esas visiones incluyen el establecimiento de iglesias, el trabajo misionero, las cruzadas evangélicas, las escuelas dominicales, etc.

Mientras hablaba en una conferencia de ministros, les pedí a los hombres que cerraran los ojos, que levantaran la mano derecha y que con el dedo índice señalaran en dirección a donde fuese que creyeran que se ubicaba el norte. Les pedí que hicieran este ejercicio hasta que cada uno se hubo comprometido a señalar la dirección en la que percibían el norte. Cuando finalmente abrieron los ojos, se produjo una carcajada general ya que los dedos apuntaban en todas las direcciones posibles de imaginar. Solo unos pocos hombres en todo el auditorio habían logrado identificar la dirección correcta.

¿Por qué hice esto? Quise demostrar lo fácil que es perder la verdadera dirección cuando no estamos sensibilizados con nuestro alrededor. Cuando la carne nos conduce, no tenemos brújula y perdemos la visión. Aún hoy, en el movimiento carismático, muchos de nosotros nos hemos visto tan envueltos en cada capricho de enseñanza reveladora, que hemos perdido la dirección fundamental de Dios: la construcción del Reino. Lamentablemente, la Iglesia es semejante a esos hombres que intentaron identificar correctamente el norte pero terminaron señalando en diferentes direcciones.

EL PRINCIPIO DEL 90/10

La Iglesia necesita constructores del Reino. La Iglesia por mucho tiempo ha llevado adelante su obrar en el principio del 90/10, en el cual el diez por ciento hace todo el trabajo y el noventa por ciento son espectadores. En el ministerio profesional existe una distinción entre el clero y el laicado. La palabra de origen para laicado podría ser también "flojos". Con mucha frecuencia la palabra se refiere a los que son flojos, a los que no hacen nada o a los que son haraganes. Está más que muy claro que entre las personas llenas por el Espíritu encontramos demasiadas que tienen un concepto de flojos para "laicado".

No se ganarán ciudades para el Señor por medio de hombres que buscan empleo o que se encuentren preocupados por su congregación, sino por medio de hombres que posean un corazón, una unción y un llamado para ganar una ciudad. Ganar una ciudad nada tiene que ver con la enseñanza o con la prédica de una persona, sino que tiene todo que ver con su capacidad de liderazgo. Tal vez la capacidad de liderazgo hoy sea la cualidad menos tenida en cuenta, y en el Cuerpo de Cristo, sin embargo, es una de las más importantes. Se necesita liderar con el ejemplo, en la práctica, no por medio de ser la cabeza parlante de la congregación. Solo podemos transmitir lo que somos; un líder pobre no conseguirá mucho.

MUCHO APRENDER, PERO NO HACER

Una vez estuve en una iglesia donde los mayores, cada domingo, profetizaban a todos en la congregación. En este lugar había una poderosa unción profética, pero me tengo que preguntar qué haría la iglesia si el número de personas que concurren aumentara por encima de las mil. A menos que esos cristianos estén entrenados, animados y nutridos como para *ejercer el ministerio en forma individual y corporalmente*, la iglesia tendrá problemas en su crecimiento. El interrogante que debería despertarse en nosotros es: ¿Estamos solamente aprendiendo pero no haciendo?

Puede ser que una iglesia tenga una gran unción evangélica, donde la gente es rescatada cada domingo. Siempre es maravilloso ver a la gente volverse a Cristo, pero tienes que preguntarte si los de la última fila no se pierden. Puede ser que tengas un pastor que sea un grandioso maestro de La Palabra. Puede ser que veas a todos preparados para el servicio del domingo con lapiceras y también anotadores. Pero la pregunta crucial es, una vez más: ¿Siempre aprendemos, mas nunca hacemos?

La Iglesia necesita líderes que puedan inspirar y enseñar cómo podemos construir el reino de Dios cada uno de nosotros. El liderazgo apostólico aquí, es crítico. Lleva todo un liderazgo apostólico construir una gran iglesia; sin este liderazgo que afecte a los mayores de la iglesia, la congregación local no será eficaz en la comunidad.

LOS APÓSTOLES NECESITAN SER DIRIGIDOS CON SOLIDEZ

Un líder apostólico traerá verdadero liderazgo a una iglesia. Solicitará el liderazgo fuera de los cinco ministerios establecidos –saber, el de apóstol, profeta, evangelizador, pastor y maestro–; luego podrá ganar su ciudad. No importa cuál fuere el don de una persona. Ella estará capacitada para levantar una iglesia grande si es un líder fuerte.

Cuando yo era un joven ministro fui ordenado por dos denominaciones; sin embargo, me sentía muy solo y sin una verdadera compañía. Me hallaba en un encuentro donde el orador invitado era un predicador muy famoso. Pensé que si tan solo podía pasar unos pocos momentos con este hombre, él podría contestar algunos de los interrogantes que yo tenía acerca del ministrar y del moverse en el Espíritu. Después del encuentro, tuve esa oportunidad. Un pastor y yo nos acercamos a él y le pedimos sus consejos. Él nos dijo:

– Siempre lleven su maletín con algunos papeles dentro. Pongan su dinero en bolsas de basura y ubíquenlo detrás del neumático en el baúl de su auto. De ese modo, si vienen ladrones, se llevarán el maletín con los papeles, pero no el dinero.

Recuerdo haber salido confundido y desanimado de ese encuentro. Pero al siguiente encuentro que ministré entré con mi bolsa de residuos y mi maletín. Pensaba que si un predicador tan popular y exitoso recomendaba alguna cosa, entonces debía haber algo importante en ello. ¡Obviamente, yo estaba equivocado!

ENSEÑAR Y TRANSMITIR

En esa época en mi ministerio no había nadie que me transmitiera nada a mí. Desde entonces descubrí que para realizar una visión debe existir algo que transmitir y que multiplique el crecimiento y el discipulado entre la gente de Dios. Estos principios están en Efesios 4:11-13:

> "Fue él quien le dio a unos el ser apóstoles; a otros, profetas; a otros, evangelizadores; y a otros, pastores y maestros. A fin de preparar a la gente de Dios para los trabajos del servicio y para que, así, el Cuerpo de Cristo pueda ser construido hasta que todos alcancemos la unidad en la fe y el conocimiento del Hijo de Dios".

El efecto multiplicador llega cuando enseñas y transmites a otros la capacidad de mantener un ministerio.

DIOS QUIERE MULTIPLICAR

Nuestro Dios es el Dios de la multiplicación. Los pastores deben preparar a su gente para ser libres y llevar a cabo su ministerio por toda la ciudad, o como misioneros en tierra extranjera. Tantas veces vamos a la iglesia y nos encontramos con mayores que están altamente calificados para enseñar y predicar, pero que permanecen por debajo del pastor, caminando a la sombra de la visión del pastor. Con frecuencia un pastor desea retener a esta gente trabajando para su visión, en lugar de liberarlos para que se esfuercen por conseguir sus propias visiones en Cristo. A veces un pastor retendrá tanto tiempo a su gente buena que, o se quebrará emocionalmente, se rendirá y someterá a la visión que Dios le ha dado a esa gente, o se separará de la iglesia, frustrado.

Puede ser que el pastor tenga una genuina sub-visión: construir su iglesia, pero ¿está usando a otros para construir su sub-visión en lugar de tener una mentalidad liberadora, de modo que la visión verdadera de la construcción del Reino pueda ser llevada a cabo? La visión del campo dorado resplandeciente, maduro para la cosecha, solo puede serlo si nosotros nos encargamos de multiplicar por medio de la difusión, de las relaciones y de la conexión en la red del Internet.

Algo que sea bueno puede llegar a ser el enemigo de lo mejor de Dios. Un pastor puede trabajar arduamente, utilizar los dones de Dios para fortalecer y sumar miembros a una iglesia. No hay nada de malo en eso. O un pastor puede trabajar arduamente, utilizar los dones de Dios y transmitir y hacer crecer a hombres y mujeres en pos del Reino, ministros compañeros que puedan ministrar individual y corporalmente, equipados para todo buen trabajo y no, meramente espectadores que no tomen parte en ninguno de ellos.

El pastor puede plantar gente o iglesias utilizando el mismo principio que utilizan los granjeros. Cuando se planta un grano de maíz, en el tiempo de cosecha se obtienen alrededor de mil doscientos granos a cambio. Cuando se plantan mil doscientos granos de maíz, se cosechan un millón cuatrocientos cuarenta mil granos de maíz. Pero si comemos la primera cosecha, luego no hay nada para plantar. Dios quiere que tengamos la previsión de plantar y multiplicar. Él no tolerará que nos comamos lo que debería ser plantado.

LA PLANTACIÓN EN MÉXICO

Hace muchos años fui de viaje en una misión a la Ciudad de México. Me hallaba en ese lugar al mismo tiempo que otro grupo misionero. El otro grupo estaba integrado por tres misioneros y sus esposas; ellos estaban en la Ciudad de México para plantar una iglesia.

Mientras me encontraba allí, conocí a tres pastores mexicanos que eran apostólicos –eran constructores–. Les dije a estos hombres que los entrenaríamos a ellos y a sus líderes y que les mostraríamos cómo se plantan iglesias. Los mexicanos accedieron con entusiasmo. Después de varios años estos tres mexicanos plantaron arriba de ciento cincuenta iglesias con miles de servicios de asistencia multiplicados.

El otro grupo de los tres misioneros y sus esposas plantaron una iglesia en la Ciudad de México, que cuenta con alrededor de cuatrocientas personas. Este grupo gastó mucho más dinero que nosotros, pero nosotros tuvimos mucho más éxito. ¿Por qué? Porque usamos un principio bíblico al plantar y multiplicar, mientras que ellos tan solo sumaron.

LOS QUE PIERDEN EL BOTE

Mucha gente está atrapada en la cristiandad popular y no se sitúa en el lado profético de lo que Dios hace en la Iglesia. Francamente, la mayor parte de la Iglesia ha perdido el bote, porque se niega a formar parte de lo que Dios obra. Sin embargo, Él va a hacerlo de todos modos, accedamos o no.

Desde la Edad Media Dios ha restaurado la Iglesia progresivamente, y creo que en los últimos veinte años la restauración marcha a gran velocidad. Dios es un Dios de progreso; siempre nos da más y hace algo nuevo.

Dios desea traerle a la Iglesia renacimiento y restauración, y la reforma de ciudades y países. No obstante, la reforma de ciudades y países no puede llevarse a cabo hasta que no haya renacimiento y restauración en la Iglesia. Esto no se trata solamente de renacimiento y restauración en los corazones de hombres y mujeres, sino que incluye el renacimiento y restauración que transformará al gobierno y al liderato eclesiásticos.

Los frentes de batalla de esta guerra se focalizan en la iglesia local. Si la iglesia local es ineficaz, no habrá ningún desafío para el enemigo. Por otro lado, si la iglesia local es fortalecida y aprende a discernir las tácticas del enemigo, entonces estará mejor equipada para recoger la cosecha. Aún así, para constituir una fuerza combatiente eficaz, todos los creyentes tenemos que lograr entender lo que Dios nos ha enseñado en cuanto a cómo luchar con el enemigo. Existen pautas y verdades bíblicas que deberíamos seguir si esperamos vencer al enemigo eficazmente.

NOTAS:

1. Michael Taylor, "Jones Captivated S.F.'s Liberal Elite" ("Jones cautivó a la elite liberal de San Francisco"), Periódico *San Francisco Chronicle*, (12 de noviembre de 1998); Michael Taylor, "Jonestown Suicides Shocked World" ("Los suicidios en Jonestown conmocionan al mundo"), Periódico *Associated Press*, (27 de marzo de 1997); www.rickross.com, Internet.

2. Carol Moore, "Overview of the Davidian Massacre" ("Perspectiva de la masacre davidiana"), fuente desconocida, (diciembre de 1998); www.kreative.net/carlmoore/davidian-massacre, Internet.

3. Frank Bruni, "Cult Leader Believed in Space Aliens and Apocalypse" ("Líder de culto cree en extraterrestres y el Apocalipsis"), Periódico *New York Times*, (28 de marzo de 1997); John Holliman, *Applewhite: From Young Overachiever to Cult Leader* (*Applewhite: de joven proeza a líder de culto*), CNN, (28 de marzo de 1997); www.rickross.com, Internet.

CAPÍTULO 3

EL PLAN
DE BATALLA
DE DIOS

ESTRATEGIAS BÍBLICAS PARA EL ÉXITO

Miré hacia mi izquierda, más allá de un campo abierto, en dirección a una serie de valles. En el primer valle se agrupaba una enorme fuerza combatiente de guerreros provistos con toda clase de armamentos y con toda clase de instrumentos de batalla que iban desde los más antiguos hasta los modernos. El Señor me llevó más cerca y pude ver que los guerreros, de hecho, eran pequeños demonios espantosos vestidos con uniformes.

Entonces Él dijo: "Esta es la línea de batalla".

Enfrente de los demonios el campo estaba vacío. Al instante me di cuenta de que las fuerzas demoníacas no eran confrontadas por el Ejército de Dios. Las tropas del Señor deberían haberse amontonado y opuesto a las fuerzas demoníacas con violencia. Sin embargo, al Ejército de Dios ni se lo alcanzaba a ver porque no había una interpretación bien definida de la forma práctica de obrar de la Iglesia. ¿Cómo podría la Iglesia, en conjunto, confrontar al enemigo cuando la Iglesia, en conjunto, no entendía ni su rol, ni su estructura ni su gobierno?

Estas son varias cosas que todos los creyentes deben comprender acerca de nuestra guerra contra el enemigo:

1. Existen modelos y estructuras bíblicas eficaces para el obrar de los líderes y para la utilización de los dones y recursos.

2. Una proporción de lo que generamos como riqueza, debería diezmarse con constancia con el fin de hacer progresar las obras del Reino.

3. Los dones espirituales deberían ser utilizados en el mercado mundial para construir recursos financieros para la Iglesia.

4. Una alianza de unidad entre los cristianos es primordial para lograr la victoria contra el enemigo.

APRENDER A HACER LA GUERRA

Hace muchos años el Señor me había mostrado la importancia de su gobierno en la guerra espiritual. Por aquellos días yo era un evangelizador viajante y trabajaba para el Señor principalmente en el Este. Estaba absorto en las prédicas, las sanaciones de fe y la ministración de liberación a los oprimidos. Todo parecía estar muy bien.

Un día en Connecticut, mientras estaba en una habitación de hotel orando y pidiéndole al Señor, quedé atónito cuando el Señor me dijo:

– ¡Tu ministerio no está en mi Palabra!

¡Fui sacudido! Recién había acabado de realizar una cruzada para un grupo de cinco iglesias donde habían sido salvadas más de cien personas. Había formado parte en la sanidad y la liberación dispensadas por Dios: la gente joven fue llena del Espíritu Santo. Prediqué desde su Palabra, ministré los dones desde su Palabra (ver 1 Corintios 12:7-11) y la gente se sanó por su Palabra. ¡Y ahora el Señor de la gloria declaraba que lo que yo hacía no estaba en su Palabra!

Con esa corrección desconcertante, comencé a buscar en las Sagradas Escrituras. Quería encontrar mi ministerio *en* su Palabra.

¿Había un modelo a seguir en La Palabra de Dios? Al buscar, comencé a darme cuenta de que la mayoría de los evangelizadores, profetas y ministros locales cumplen su función utilizando un modelo que no es de Dios. No tienen ni la menor idea de que Dios ha dado un modelo a seguir para el gobierno y la organización eclesial. ¡Mucho de lo que se conoce como "ministerio", no es ministerio en absoluto! Lo llamamos ministerio, pero es más la emulación de la industria de la música –una gira enloquecedora de funciones– que el ministerio de Cristo.

En aquellos años de mis comienzos, mucho de lo que hice como evangelizador viajante –y mucho de lo que ocurre hoy– no fue nada más que un intercambio de ánimo –¡un intercambio de ánimo con prédica, sanidad, liberación y salvación!–. La gente decía: "¡Ah, eso estuvo muy bueno! ¡Me conmovió tanto! Hagámosle al diablo esto y aquello. ¡Echémoslo, saquémoslo, atrás, empujémoslo, empujémoslo! ¡Hurra, hurra, viva!" En lugar de levantar guerreros en el Cuerpo, levantaban animadores en la Novia.

Después de ser corregido por el Señor, me sentí desafiado a encontrar el modelo correcto en La Palabra. Durante varios meses busqué en La Palabra y le pedí al Señor, y Él comenzó mostrándome, en el Nuevo Testamento, algunas perspicacias acerca del ministerio quíntuple: apóstol, profeta, evangelizador, pastor y maestro, como en Efesios 4:11, y de cómo levantar padres e hijos espirituales. Empecé a comprender la estructura de la Iglesia porque Dios me daba conocimientos profundos sobre el apóstol, el profeta y el anciano. Aunque yo tenía un conocimiento básico de la estructura del gobierno de la Iglesia, no comprendía la más profunda relación que esta tenía con la teología, la filosofía y la vida.

EL MODELO DE GOBIERNO ECLESIAL

Dios me reveló cómo el Tabernáculo es una forma y sombra de la Iglesia. Los israelitas entregaron en abundancia para la construcción del Tabernáculo (ver Éxodo 35:20-29), así como deberíamos hacerlo nosotros para la construcción de la Iglesia (ver 2 Corintios 9:7).

También me mostró otra forma y sombra en el Antiguo Testamento relacionado con la distribución de la riqueza en diferentes clases de depósitos. Los israelitas dirigían una medida de su prosperidad a un depósito del pueblo, a uno de la ciudad y al del rey. Estos depósitos reunían materiales a través de un diezmo que podía usarse para sustentar al ejército y a los habitantes de un pueblo o ciudad (ver 1 Samuel 8:15-17; 1 Crónicas 27:25; 2 Crónicas 32:27-28).

Todas estas formas y sombras –el uso que le daban los israelitas a las riquezas para construir el Tabernáculo y el diezmo que donaban en materiales para los depósitos locales y reales– representaban las cosas del porvenir. Hoy constituyen modelos sabios para nosotros. Hebreos 8:5 nos habla acerca de construir de acuerdo con el modelo divino de Dios: *"Fíjate que debes hacerlo todo imitando el modelo que te mostré en la montaña"*. Dios dijo lo mismo en el Antiguo Testamento. En Éxodo 25:9, explica: *"Y harán este Tabernáculo, como también todas las cosas necesarias para mi culto, según el modelo que yo te enseñaré"*.

A lo largo de toda La Biblia, y en particular en Éxodo, Números, Deuteronomio, Crónicas y Reyes, encontramos el apoyo para esta clase de organización. En la Iglesia moderna, cada vez que se quebranta esta estructura, el resultado es la división en las filas de tropas. Necesitamos pagar el diezmo y consagrar los recursos apropiados para la construcción de la Iglesia –que sería hoy una clase de Tabernáculo para nosotros– por medio del diezmo en nuestras congregaciones locales –que constituirían una especie de depósito del pueblo– en la iglesia o ministerio de la ciudad en sí –que sería una especie de depósito de la ciudad– y en las grandes obras nacionales y a nivel mundial que emprende la Iglesia –que serían una especie de depósito real–. Cuando estos recursos son utilizados corporativamente, el Reino avanza en todas partes.

Están aquellos que no comprenden todo esto. Conocí a mayores –en espiritualidad– y a ministros que no comprenden la naturaleza del dar con constancia. Estoy convencido de que esto es porque no quieren comprender. Pueden comprender que el pastor deba dar el diezmo, pero no pueden ver por qué la Iglesia –todos los creyentes– debe hacerlo. Se debe a que no comprenden el concepto de pueblo y ciudad. No comprenden que ese dar es para su protección, a la vez que el reino de Dios es fortalecido.

Los recursos financieros hacen avanzar al Reino

Hace algunos años atrás el Señor centró mi atención en dar el diezmo. No entendía por qué Dios lo hacía, pero mi mente estaba detenida en Malaquías 3:10, donde dice: *"Entreguen, pues, la décima parte de todo lo que tienen al tesoro del templo"*. Comencé a ver que la estructura de Dios para el ministerio estaba firmemente conectada con el correcto desempeño de dar el diezmo y dirigir dicho diezmo a los depósitos adecuados de la Iglesia. En Éxodo 12:36 dice:

"Yavé hizo que los egipcios escucharan a los israelitas y les dieran lo que les pedían; de esa manera se llevaron de Egipto cuanta cosa reunieron".

Cuando los israelitas salieron del cautiverio saquearon a los egipcios y se llevaron sus fortunas. Lo que es importante saber es que este botín luego fue dirigido a la construcción del Tabernáculo en el desierto. Los israelitas priorizaron el uso de sus recursos y consagraron las riquezas como ofrendas para construir el Tabernáculo del Señor.

Del mismo modo, los creyentes ganan una medida de riqueza proveniente del mundo secular, tal como está dicho en Isaías 61:6:

"Y ustedes serán llamados 'sacerdotes de Yavé' y los nombrarán como 'ministros de Nuestro Dios'. Ustedes se alimentarán con los productos de las naciones y se adornarán con sus tesoros".

Al igual que los israelitas, a través del trabajo, la oportunidad, la sabiduría y la herencia, obtenemos un grado de riqueza al vivir

EL DAR

ADECUADAMENTE

PARA LA

CONSTRUCCIÓN

DEL REINO

DE DIOS,

SIEMPRE

DEBE SER UNA

PRIORIDAD.

en este mundo, y al igual que ellos deberíamos tener prioridades tales como a dónde es dirigida esa riqueza en la construcción del reino de Dios. La Iglesia es un modelo y especie de Tabernáculo para los cristianos, y debemos priorizar nuestros recursos como lo hicieron los israelitas; debemos consagrar asiduamente, con constancia, la riqueza que ganamos, a la construcción de su Casa.

El dar adecuadamente para la construcción del reino de Dios siempre debe ser una prioridad. Ese es el medio a través del que se prepara para la guerra el Ejército de Dios.

LOS DONES ESPIRITUALES REÚNEN RIQUEZA

Debemos usar nuestros dones espirituales (ver 1 Corintios 12:7-11; Romanos 12:4-8) y capacidades naturales entre los no creyentes, con el propósito de ganar riqueza que pueda consagrarse a la construcción del Reino. Cuando se crea la riqueza financiera y física, Dios nos llama a dar el diezmo apropiadamente a los depósitos en el pueblo, en la ciudad y en las propiedades del rey. Usar nuestros dones en el mercado puede ser bastante intimidatorio, pero los resultados son fantásticos para la iglesia local, para una comunidad entera de iglesias y para la Iglesia, en el corazón de una nación entera.

Pero no es fácil usar tu don en el mundo para adelantar el reino de Dios. Por ejemplo, es fácil profetizar en la iglesia, donde se da el clima propicio para eso. La verdadera prueba está en el mercado secular, entre los demonios. Necesitamos tener coraje para usar nuestros dones fuera de las paredes de la iglesia.

Hace varios años estaba saliendo del Air Club en el Charlotte Airport (Aeropuerto Charlotte) cuando me di cuenta de que Jesse Jackson caminaba delante de mí. Me encontraba absorbido en mi mundo cuando el Espíritu de Dios me dijo: "Profecía". Durante unos momentos luché con Dios mientras Él me daba un empujón para hablarle a este americano influyente. Finalmente, me rendí a sus impulsos y usé el don que me había dado para que hablara. La primera cosa que salió de mi boca fue:

– Jesse.

– Hola –contestó.

– ¿Por qué piensas con tanta inferioridad de tu raza, que no crees que puedan triunfar?

Los reporteros, que agitaban con energía su fotografía e intentaban entrevistarlo, de pronto se apartaron y formaron un camino entre él y yo. Todos los que estaban lo suficientemente cerca como para oír se detuvieron y se hizo un silencio en la multitud. Cerca había un hombre negro, grandote, de pie; no sé quién era, pero dijo:

– Escuchen esto, escuchen todos. ¡Quiero que todos ustedes escuchen esto!

Con esa introducción di una palabra profética difícil que desafió a muchas de las ideas que Jesse tenía acerca de las drogas, el sexo ilícito y el aborto. Calmado, pronuncié lo que el Señor me dictaba y fue una de las profecías más grandiosas que di alguna vez, porque fue pronunciada entre muchos no creyentes y no en un clima propicio para ello como en la iglesia, donde profetizar es tarea fácil.

Tener el coraje de usar tus dones en el mundo es el primer paso, pero deberíamos también usar nuestros dones a fin de generar riqueza para los emprendimientos del Reino. Estoy rodeado de grandes profetas, pero uno de los más grandes que he visto es una persona que nunca ha profetizado en un servicio en la iglesia: Bill Brehm, un hombre de Dios increíblemente dotado en el área de las finanzas. Este hombre puede profetizar acerca de la naturaleza variable de la bolsa de valores. Cuando el mercado financiero quebró en 1998, nosotros todavía ganamos el veinticinco por ciento en la bolsa de valores, por medio de la visión profética de este hombre.

Hace varios años estuve en una iglesia donde un hombre joven profetizaba en el servicio. Más tarde, el pastor, el joven y yo almorzamos juntos. Aparentemente el pastor estaba emocionado con este joven profeta y la gran palabra profética que le había dado a la congregación esa mañana.

Le pregunté al joven:

– ¿A qué te dedicas, hijo?

– Bueno, soy contratista –respondió.

– ¿Cómo te va en las finanzas?

– No muy bien, hermano Kelly.

– ¿Sabes cuál es tu problema?

– ¿Cuál?

– Cuando de tus dones ministeriales se trata, eres un profeta inmaduro.

El pastor casi se cae de la silla. El joven me miró como diciendo: "¿De qué está hablando, hermano Kelly?" Dije:

– Esto es de lo que estoy hablando, hijo. Cuando Dios dio los dones del Espíritu en 1 Corintios 12:1, las Santas Escrituras dicen: 'Hermanos, no quiero que sean ignorantes'. ¡Y tú eres ignorante! Porque solo profetizas en la iglesia. ¿Cuándo vas a profetizar acerca de dónde conseguir un contrato de negocios?

Algún tiempo después estuve en esa iglesia nuevamente y luego de hablar, ellos me llevaron una ofrenda. El mismo joven se apareció enseguida y dijo:

#30 10-07-2014 2:28PM

tem(s) checked out to PERAZA, ROSA JOSE

UE DATE: 10-28-14
ITLE: Guerreros del tiempo final
ARCODE: 33090006726758

Alamitos Neighborhood Library
Renewal Line: 570-5496 or 570-5498

– Le pedí a mi pastor si podía darle mi ofrenda en privado.

Me entregó un cheque muy grande y continuó:

– Esta es mi ofrenda para usted, hermano Kelly. Desde que hablamos por última vez, mi salario se fue de US$ 26.000 a US$ 126.000 en doce meses.

Había comenzado a profetizar en el reino de los negocios y eso ayudó a hacer un cambio impresionante en su situación.

Creo en la prosperidad para el cristiano (ver Isaías 61:6). El problema es que la mayoría de los cristianos solo quieren hablar y reclamar prosperidad, pero no se esfuerzan por adquirirla. Parte de esa labor para adquirirla es usar nuestros dones en el mercado del mundo, a fin de conmover a la gente. A su vez, cuando el uso de tales dones en el mercado traiga bendiciones financieras, esta cosecha debería reunirse fielmente y con constancia en los depósitos de Dios: en obras de la iglesia local, en obras que las iglesias destinan para toda la ciudad y en emprendimientos misioneros a nivel mundial.

Utiliza el diezmo con sabiduría para mayor éxito

Fui entrenado por el FBI como oficial de inteligencia en la infantería de marina, y una de las primeras cosas que nos enseñaron fue a seguir al dinero. Si quieres saber algo acerca de algún grupo o individuo, averigua a dónde va su dinero. Si un pastor dijera que le da el diezmo a su iglesia local, a las misiones o a varios lugares diferentes, entonces sabrías que no tiene una cobertura. El diezmo debe dirigirse a la cobertura, como en el caso de los depósitos del pueblo, de la ciudad y del rey.

Es increíble la cantidad de iglesias que no dan el diezmo en forma adecuada. Lo dan más por razones inusuales que por designio de Dios. Lo dan a un apersona que ni siquiera les gusta, solo porque conocen a un primo o hermano. Las iglesias necesitan dar a aquellos con los que se identifica; en otras palabras, a aquellos que reflejen su misma visión en misiones mundiales, establecimiento de iglesias, doctrina, gobierno eclesial, etc.

¿Cuántos ministros viajantes o evangelizadores de la televisión se han visto que son manipuladores de dinero? Tratan de conseguir cuanta más gente en su lista de correo electrónico como les es posible, así pueden enviarles sus correos para juntar dinero. Esta ciega recaudación de dinero lleva a absurdos abusos de los creyentes. Por ejemplo, un amigo mío recibió tres cartas de un ministro que le enviaba palabras proféticas para el padre de mi amigo. El problema, sin embargo, era que el padre de mi amigo había fallecido hacía un año. El dinero que es recaudado y aplicado de maneras inapropiadas, hiere al Reino tan profundamente como si no hubiese dinero recaudado en absoluto.

Muchos misioneros genuinos tienen que quitar las migas de la mesa solamente, porque los líderes de la iglesia local conducen los recursos financieros de una forma inapropiada. Muchos cristianos están extremadamente escasos de fondos. La iglesia local necesita evaluar el mérito que tiene cada ministro viajante y cada misionero, y apoyar a los que son dignos de serlo. Para algunos ministros viajantes y misioneros podría ser una movida alarmante el ver a una iglesia evaluar a aquellas que ellos están patrocinando, ya que la elevación de los estándares eliminaría a muchos de su ministerio. De todos modos, se necesita elevar el estándar; la iglesia debería querer ver resultados, tiene que haber responsabilidad. Ya no podemos enviar misioneros que no cumplan las cosas prometidas. No deberíamos querer oír: "Bueno, estuve en África cuatro años y conduje cuatro personas a Cristo", o "Estuve en esa tierra extranjera pero no logré hablar el idioma". Tenemos que erradicar del ministerio todas estas tonterías.

Hechos 4:34-35 dice: *"No había entre ellos ningún necesitado, porque todos los que tenían campos o casas los vendían y ponían el dinero a los pies de los apóstoles, quienes repartían a cada uno según sus necesidades"*. El dinero que era puesto a los pies de los apóstoles no era para que ellos se fueran a comprar un Jaguar o un Mercedes Benz, sino para encargarse de las necesidades del Cuerpo. Hoy existen ministros que toman el dinero que está a sus pies y compran grandes casas y autos, ropa fina y joyas caras. La mayoría de los millonarios ateos viven con más sencillez que algunos de nuestros ministros top. El dinero puesto a los pies de los apóstoles es:

1. Para darles a los pobres.

2. Para darle a los profetas, evangelizadores, pastores, maestros, colonizadores de iglesias y misioneros.

En conferencias he tenido la oportunidad de hablarles a ministros de varios orígenes. Hay algo que me gustaría decirles a esos ministros acerca del gobierno eclesial. Lo digo para causar efecto, abrigo la esperanza de que la forma en la que el Señor me desafió a buscar el modelo de la Iglesia los desafíe también a ellos. Les digo:

– Si alguien que te estuviese apuntando a la cabeza con un revólver te dijera que apretaría el gatillo a menos que le dieras cinco pasajes bíblicos acerca del gobierno eclesial y cómo funciona en ese aspecto tu iglesia o ministerio, ¿cómo le responderías?

A la vasta mayoría de los ministros les hubiesen disparado, porque el noventa por ciento no tiene ni la menor idea de la respuesta. Es la única profesión sobre la Tierra en la que los hombres que conducen la Iglesia no tienen idea de qué se trata el gobierno eclesial. ¡Es increíble!

Tenemos Seminarios y Escuelas de Biblia que enseñan de todo, menos de la Iglesia. Puedes ir a la escuela por dos años y aprender un montón acerca del mensaje de la fe, pero nada acerca de cómo debería ser estructurada la Iglesia. Estos son los estudiantes que son enviados a plantar iglesias. ¿Cómo podemos plantar una iglesia eficazmente cuando sabemos tan poco de su funcionamiento?

En la visión no hay un desafío serio por parte del Ejército de Dios a las fuerzas demoníacas en el valle. La razón: la gente de Dios está dividida en las obras, ignoran el gobierno eclesial como Dios lo diseñó, y es penosamente deficiente en la comprensión del modo en que el diezmo ayuda en todos lados a la Iglesia para vencer al enemigo.

UNIDAD BAJO LA INSIGNIA DE DIOS

Luego, el Señor me llevó por encima de la colina, hasta el siguiente valle, donde vi batallones tan numerosos que no logré contarlos. El Señor dijo: "Cada uno de estos batallones representa a los hombres y mujeres de mi ministerio". Cada batallón tenía una bandera, y esa bandera era su identificación. Representaba quiénes eran, la bandera bajo la cual peleaban. Se hallaba la bandera del discipulado, la bandera de la fe, la bandera de la liberación, la bandera de la santidad la bandera calvinista, la bandera carismática, la bandera del pastoreo, la bandera pentecostal, y así sucesivamente. Los batallones eran grupos y denominaciones existentes en la actual iglesia evangélica.

Lejos en la distancia, logré ver un pequeño batallón, pero no pude verlo claramente.

La Biblia dice que Dios nos pone una insignia –ver Cantar de los Cantares 2:4– pero en esta visión nadie tenía dicha insignia de Dios. Cada grupo tenía su propia insignia que identificaba quiénes eran y cómo estaban separados y se diferenciaban de otros grupos. Cada grupo estaba lleno de orgullo y tenía plena confianza de que sería el ganador de la guerra contra el enemigo.

Como cristianos debemos usar los modelos de gobierno y organización que Dios le da a la Iglesia y ministerio, debemos conferir continuamente a varias de las iglesias y ministerios, por medio del discernimiento, estos conocimientos, y debemos utilizar nuestros dones para hacer progresar al Reino en el mundo. De todos modos, también debemos fomentar la unidad que admite diversidad de opinión y enfoque, y aliarnos a fin de trabajar juntos para pelear contra las puertas del infierno.

DIVERSIDAD UNIDA

Ganar la guerra contra el enemigo requerirá de una unidad de la diversidad, una unión en nuestras singularidades y diferencias.

¿Puedes imaginarte un equipo de fútbol en el que todos sean defensores? Podrían hacer mucho ruido y parecer amenazadores, pero no podrían atajar, patear o hacer un montón de cosas más. ¿Cómo sería un equipo de básquet en el que todos fuesen jugadores centrales? Tendrían problemas para llevar la pelota hasta la otra mitad de la cancha. Se requerirá de diversidad en el Cuerpo de Cristo para ganar, de la misma manera en la que un equipo de fútbol o básquet requiere diversidad en su equipo para hacerlo.

Dios no busca una determinada teología o un conformismo inútil; Él busca una cierta clase de individuo: una persona que quiera construir de acuerdo con su modelo. Quiere gente que sea íntegra y fuerte de carácter, que construya un ministerio conforme a la excelencia; hombres y mujeres cuyos sí sean sí y los no sean no, individuos cuyos rostros parezcan ser de leones.

HACER ALIANZA EN TIEMPOS DE GUERRA

Cuando era oficial de la Infantería de Marina, los instructores militares y comandantes en jefe nos decían que pelearíamos por los Estados Unidos de Norteamérica, no por nosotros mismos, nuestra unidad o nuestra familia, simplemente por los Estados Unidos de Norteamérica; pero que así estuviésemos vistiendo nuestra ropa de entrenamiento, o bien nuestro mejor traje militar, si alguna vez se presentaba una lucha *real*, una guerra *verdadera*, ciertamente seríamos informados más detalladamente. Esta era la verdad: nosotros pelearíamos por nuestras vidas y por nuestros compañeros de pelotón. Las trincheras es en donde se encuentra la auténtica alianza, porque la gente pelea por sus vidas. Si alguna vez la persecución estallara en esta Tierra, los cristianos se aliarían unos con otros durante la noche. Olvidaríamos el inútil conformismo, las doctrinas preferidas y los programas no esenciales, porque estaríamos en medio de una guerra contra un enemigo en común.

He escuchado esta enseñanza: que el gran obstáculo para aliarse es que un apersona no quiere llegar a entablar una relación muy unida. Sin embargo, creo que el mayor obstáculo para aliarnos con otra persona es la falta de coraje: no estamos seguros de quiénes somos en Cristo.

Nuestra seguridad e identidad en Cristo son poderosas. Después de todo, ¿cómo puedo herirte si camino en Él? Cuando caminas en mí –mi voluntad humana– saldrás herido. Cuando yo camino en ti –tu voluntad humana– yo saldré herido. Pero cuando caminas en Él, no puedes salir herido. Dios busca individuos que caminen en alianza, como David y Jonatán. No eran simplemente dos judíos amigos que se agradaban el uno al otro, eran guerreros que estaban aliados (ver 1 Samuel 14:7-20; 23:15-18). Hay alianza cuando se juntan verdaderos guerreros para el propósito de la guerra. La guerra va más allá de la amistad. Nos aliamos para así poder matar al enemigo *en forma colectiva*. Nos aliamos para así, *en forma colectiva*, ir al campo de cosecha y liberar a los cautivos.

LOS DIFERENTES ROLES TRABAJAN EN ALIANZA

La guerra es el rol número uno del apóstol. Los profetas te conquistarán con la Palabra de Dios, los maestros te educarán, los pastores te ayudarán en tus heridas y a atravesar tus problemas, los evangelizadores conducirán al pueblo a la salvación, pero es el apóstol el que le declarará la guerra al enemigo y guiará a la Iglesia en la guerra. El apóstol es el que unificará la Iglesia en una fuerza de combate. El apóstol es el que traerá toda la verdad pasada y presente, y cada obrar de Dios pasado y presente para luchar contra el enemigo.

Si un apóstol no piensa ni actúa más allá de su propia generación –transgeneracional– no es un apóstol. Una triste acusación hoy contra la Iglesia, es que existen padres que no permiten que sus hijos e hijas lleguen más lejos que ellos. Cuando Jesús les habló a sus discípulos en Juan 14:12 dijo que haríamos obras más grandes que Él. Podemos hacer obras más grandes que Jesús porque Él está en el cielo y completamente detrás de nosotros. Los padres espirituales deberían querer ver a sus hijos e hijas llegar más que ellos en cuanto a sabiduría y éxito, y verlos hacer obras más grandes por el bien del Reino.

El objetivo de los guerreros

Una de las razones por las que la Iglesia no llega a más estadounidenses es debido a la mala teología. Los nuevos creyentes son rescatados y dicen: "Acabo de ser rescatado, fui lleno del Espíritu Santo y estoy, sencillamente, esperando que Jesús venga". La Biblia jamás dice que te sientes y esperes ociosamente hasta que Jesús regrese. Lo que sí dice es que hay que *esperar y apresurar el día de la venida de Dios* (2 Pedro 3:12), *para esperar a su Hijo que venga del cielo* (1 Tesalonisenses 1:10) y desear con afán su venida (ver Apocalipsis 22:20).

Lo que Dios en realidad dijo fue: *negociad entre tanto que vengo* (Lucas 19:13, RVR60). Esa palabra "negociad" es un término militar y económico. Militarmente, significa tomar posesión de la tierra por la que se ha peleado y está ahora bajo ley marcial. Económicamente, significa seguir produciendo ganancias. A lo que Él se refería era a producir ganancias progresivamente y a tomar la tierra cada vez más, hasta que regresara.

Cuando Jesús vuelva, vendrá por una Novia representada por una manifestación corporativa llamada Iglesia. Él no regresará por cualquier clase de grupo o denominación, sino por una cierta clase de Iglesia. Él no regresará por la iglesia no creyente o por la iglesia fingida. Él viene por la Iglesia creyente que esté sin mancha ni arruga (ver Efesios 5:27).

En los tiempos de Gedeón Dios buscaba hombres que lamieran el agua como lo hacen los perros (ver Jueces 7:4-7). Ahí estaba el enemigo, justo allí, y ellos miraban al enemigo y lamían el agua que había en sus manos mientras eran estos sus pensamientos: "En cuanto termine de beber, voy a ir detrás de ustedes y todos morirán". Aquellos que no bebían como perros no estaban preparados y Dios los sacó de la línea de combate de la batalla con los madianitas. Todavía hoy existen cristianos descuidados y se encuentran fuera de la línea de defensa de la batalla.

Los guerreros atentos conocen cómo organiza Dios la Iglesia, el rol de dar con regularidad a la Iglesia, el uso de los dones en el mundo secular y la naturaleza de la unidad en la alianza. Los guerreros atentos siempre están preparados para pelear, y su estado de alerta y aptitud trae la victoria final.

CAPÍTULO 4

LAS FORMACIONES RÍGIDAS FRACASAN

LEGALIDAD, ABUSO DE AUTORIDAD, MIEDO Y FALTA DE UNCIÓN CORPORATIVA

El Guerrero me preguntó:

– ¿Quieres divertirte?

– Sí –respondí, acaso un tanto vacilante.

– Observa esto.

El Guerrero hizo sonar su trompeta y todas las tropas del Señor se levantaron de sus campamentos y marcharon al campo. Subieron la colina y se dirigieron hacia el campo enemigo pero, antes de alcanzar la línea de batalla, todos se detuvieron.

Luego cada batallón formó un círculo y comenzaron a avanzar con precisión. Uno de los batallones era muy preciso. Otro batallón tenía las manos en alto, y danzaban. Otros batallones lo hacían de varias maneras, dando vueltas al son de una música que solo ellos podían oír. Otros batallones simplemente permanecían de pie en sus círculos, pero todos los batallones estaban en esta formación.

Me sorprendió un poco que el guerrero me preguntara si quería divertirme un rato. Creo que Dios ciertamente tiene sentido del humor y estoy convencido de que algunas veces nos tomamos demasiado en serio a nosotros mismos. En el Nuevo Testamento Jesús fue muy crítico de los maestros de la ley (ver Mateo 23) que habían transformado el verdadero culto en una ceremonia anticuada y en una actividad religiosa rutinaria. El libro de Judith también criticó en extremo a los falsos maestros que actuaban por codicia y ambición propia. Estos dos grupos se tomaban a sí mismos demasiado en serio, nunca formaron parte del gozo del Señor. Siempre estaban protegiendo su falsa imagen, tratando de ganar el respeto de otros con su falsa piedad.

RELAJARSE

A veces los cristianos necesitamos soltarnos, relajarnos y disfrutar un poco más de la vida, volvernos más reales. Ese es el motivo por el que la última noche de nuestra Conferencia Ministerial Masculina de 1996, decidí hacer algo para aflojar las cosas. Como apóstol en jefe de Ministerios e Iglesias Antíoques, ya estaba programado que hablaría la última noche –cosa que había hecho durante muchos años–. Esa noche en particular, cuando ingresé al hall de conferencias, yo vestía un traje estrafalario de color azul eléctrico. Compré el traje en Detroit, Michigan, en un mercado de rebajas. Realmente estaba barato y pensé que sería divertido usarlo en alguna ocasión especial.

Cuando entré al hall esa noche, hubo algunos comentarios y risas disimuladas, pero no fue sino hasta que llegué al púlpito para llevar mi mensaje, cuando primero uno, luego dos y después todo el grupo de sujetos comenzó a reírse por lo bajo. Entonces dije:

– Bueno, hombres, cuando se es viejo y feo, hay que esforzarse más.

Luego todos empezaron a reírse estrepitosamente. Fue una gran diversión para todos nosotros. No me importaba que se rieran, de hecho, creo que cosas como esa nos ayudan a relacionarnos mejor.

Quiero que todos los cristianos estemos libres de cualquier distorsión que nos lleve a ser falsos y religiosos en exceso. No tendríamos por qué usar una fachada cuando estamos entre compañeros. Somos gente real –común y con defectos– pero con una visión exterior y un dinámico propósito en mente: construir el Reino.

EN EL BAÑO

La gente se relaciona mejor cuando se divierte. No deberíamos ofendernos cuando nuestros amigos se burlan un poquito de nosotros. Me pregunto cuántas veces se ha contado la historia del pastor mayor, Ed Mannering, de Restoration Family Church (Iglesia de la Restauración Familiar) de North Richland Hills, Texas, que tuvo que ir al baño en la mitad de un servicio dominical. Todavía llevaba puesto el micrófono en la solapa cuando, de pie frente al mingitorio, dijo:

– Espero que hoy tengamos una buena ofrenda.

Y toda la iglesia lo escuchó.

Ed se ríe junto con cualquiera que cuenta esa historia acerca de él. Está bien seguro de quién es él en Cristo y de quién es como hombre. Está firme en el ministerio que Dios le ha entregado. Ha plantado iglesias en Nueva Jersey, Michigan y Texas, y ha levantado a muchos líderes que ahora están en ministerios quíntuples tiempo completo. Ha sido una increíble bendición para mucha gente, porque es libre para ser quien es.

TRANSMITES LO QUE ERES

El pastor mayor Dion Boffo, perteneciente al Samaritan Fellowship (Asociación Samaritana) de Bibbsboro, Nueva Jersey, señaló:

– No importa lo que un líder enseñe, la gente llega a ser lo que es el líder. Transmites lo que eres y no lo que dices, tal como los niños, que captan siempre más de lo que se les enseña. Puedes enseñar, enseñar y enseñar, pero ¿alguna vez observaste a los niños? Se tocan la nariz de la misma manera en que lo hace su papá o su mamá. Tosen, se sientan, gesticulan, se rascan de la forma en que lo hace su papá. Los niños toman para sí toda clase de cosas. Y uno pregunta: "¿Dónde aprendieron eso?" Y tu esposa contesta: "¡Lo aprendieron de ti! Tú te rascas así".

En la visión, lo gracioso de los batallones no era que reaccionaran a la trompeta, sino cómo reaccionaban a la trompeta. Reaccionaban como los perros de Pavlov, que automáticamente salivaban con el sonido de una campana. De la misma manera, los batallones oían la trompeta y daban una respuesta condicionada; era una formalidad, una fórmula que habían aprendido del grupo al que pertenecían. Estas respuestas demostraron ser inútiles contra el enemigo.

LOS BATALLONES DANZABAN, DABAN VUELTAS Y FORMABAN CÍRCULOS

Cuando los batallones oían la trompeta, hacían lo que les habían enseñado que hicieran: la única cosa que sabían cómo hacerla. Algunos danzaban, daban vueltas, formaban círculos, y lo hacían todo con gran precisión, pero nunca conseguían llegar al campo enemigo. Lo que habían aprendido, lo habían aprendido bien, ya que lo hacían con precisión; obviamente, se habían esforzado muchísimo en lo que habían aprendido.

La única forma de discernir adecuadamente el sonido de la trompeta es con la unción corporativa. Los batallones no oían bien y sus ministerios –danzar, dar vueltas, formar círculos, etc.– resultaban ser absolutamente infructuosos.

No hay nada peor que una persona joven que busca un modelo para su carrera ministerial y se queda atrapada en un viejo paradigma. Si nuestros jóvenes ministros siguen el viejo camino del ministerio profesional y se someten al *statu quo*, un día terminarán en el mismo círculo, haciendo las mismas cosas absurdas. El Reino necesita constructores del Reino.

PELIGROS QUE ENFRENTAMOS

La Iglesia enfrenta obstáculos que pueden destruir nuestra eficacia contra el enemigo, al igual que los batallones que se quedaron sin poder. Estos obstáculos incluyen: la *legalidad*, que ha tomado una forma divina, pero que niega el poder y el gozo en Cristo; los *líderes autocráticos*, que abusan del fervor devoto y que hieren a otros creyentes; las *prioridades equivocadas* en la construcción del Reino; y el *miedo* que impide que otros se destaquen en Cristo.

LEGALIDAD

Un amigo mío fue rescatado en una iglesia pentecostal muy legalista. En esa iglesia todo era pecado, excepto respirar. Ir al cine era pecaminoso, usar cierta clase de atuendo era pecaminoso, el pelo largo en un hombre era pecaminoso. De niño, había ido a ver la película *Mary Poppins*, y le había llevado seis meses recuperarse de los sentimientos de culpa. Cuando creció y fue llamado a predicar, él predicaba y actuaba de la misma manera en que había sido educado. Jamás hacía bromas dentro del lugar de adoración, y afuera del santuario de la iglesia nunca se mostraba alegre o despreocupado, porque para él tales cosas eran más que pecado. ¡Qué forma triste y sin poder de vivir en Cristo!

Dios quiere enviar un ejército con su unción, que destroce las fortalezas del enemigo, que entre en ciudades amuralladas y que aniquile el poder del enemigo. Lamentablemente, el Ejército de Dios, la Iglesia, con frecuencia se debilita por la legalidad. Con esta actitud a las personas se les hace difícil ser verdaderas unas con otras.

En los días de Cristo los farsantes religiosos legalistas eran una forma y sombra de la Edad Media que estaba por venir. Cuando el Emperador Constantino declaró el cristianismo como religión de Estado, la Iglesia comenzó a perder su poder y gozo genuinos. En el momento que la Iglesia dejó de ser un enemigo del mundo, pasó a ser una amiga sometida del mundo. La Iglesia, gradualmente, perdió todo su poder, y el clero no se volvió muy diferente de lo que lo era en el Imperio grecorromano. Incluso los historiadores seculares lo llaman la "Edad Media", que significa "la luz no está entre nosotros". La Iglesia era una entidad política sin poder, sin gozo, solamente una cáscara.

LÍDERES AUTOCRÁTICOS

Bruce Gunkle, que pastorea City of Refuge Christian Fellowship (Ciudad de Comunidad Cristiana de Amparo) en San Antonio, Texas, cuenta una historia de su experiencia en las Fuerzas Aéreas, que suena muy similar al entrenamiento que los batallones habían recibido en la visión. Bruce estuvo en las fuerzas armadas –antes de ser rescatado por Cristo– durante veintiún años, y fue coronel gran parte de ese tiempo, al punto de haber comandado a varios centenares de personas que custodiaban los B-52 y un área de almacenamiento en Minot, North Dakota. En invierno, en Minot la temperatura llega a descender hasta menos de 10º bajo cero. Cuando hace ese frío la gente del pueblo entra en sus casas a los perros. Pero los B-52 y el área de almacenamiento igualmente tenían que ser vigilados. Entonces los jóvenes custodios tenían que permanecer afuera y hacer su trabajo en el aire congelado; eran tratados peor que los perros. Créanme, los guardias militares de 18 años de edad no desean pasearse en esas condiciones climáticas portando armas.

En los veintiún meses previos, el Ejército había tenido siete personas a cargo, los que fueron todos despedidos porque no podían cumplir con las exigencias del puesto. En ese tiempo Bruce tenía la reputación de un líder que podía encargarse perfectamente de todas las cosas. Bruce estuvo a cargo de ese servicio casi durante dos años, y el equipo de hombres que tenía a cargo bajo su vigilancia, trabajó muy bien. Su filosofía era: "Escoba nueva barre bien".

Cuando asumía el poder, realmente asumía el poder. A través de su autoridad siempre presente, les dejó un mensaje a esos guardias de entre 18 y 20 años de edad. Ellos le temían más a Bruce que a estar afuera en un clima de 10° grados bajo cero, porque sabían que si cometían un error o cruzaban la línea, Bruce les haría pagar un precio por ello.

El estilo de Bruce en ese tiempo era muy autocrático. En las fuerzas armadas, semejante autoridad debía tener algún mérito; pero un estilo similar en la Iglesia, no es eficaz. Dirás: "Bueno, la Fuerza Aérea es así, pero eso nunca podría suceder en una iglesia". Sin embargo, sí sucede todo el tiempo en las iglesias, solo que estos líderes espirituales autocráticos hacen las cosas un poco diferentes, de una manera más sutil que no es saludable ni productiva para el Reino.

Durante años predije la caída de tres grupos. No quería ver la caída de estos grupos, pero sucedió. Y sucedió debido al uso incorrecto de la autoridad y los principios espirituales. Estos grupos provocaban la ira de sus hijos por medio de un liderazgo autoritario. Si fracasaban o no, no era la cuestión. La cuestión tan solo era cuándo.

Un estilo autoritario o manipulador trae enormes pérdidas y heridas entre los creyentes. La gente se cohíbe y rechaza ciertas funciones positivas en el entorno eclesial, por causa de heridas pasadas surgidas de abusos autocráticos.

Sanar una herida del pasado

Joe Warner, pastor de Freedom Fellowship Church (Iglesia Comunitaria de la Libertad) en Orlando, Florida, cuenta su historia de abuso espiritual y subsiguiente curación. Todo comenzó la mañana de un domingo mientras él predicaba:

> Cuando comencé a predicar, vi una nube que entraba al lugar y que comenzaba a tomar una forma que parecía la de una mano. La mano vino hacia mí y se posó por encima de mi cabeza, y el Señor comenzó a hablarme mientras yo intentaba predicar. Yo miraba a mi alrededor, esperando que alguien más estuviese

viendo esto, pero nadie más lo hacía. El Señor habló desde la nube, y dijo:

– Fue el ministerio apostólico lo que te hirió, por eso te tomará un ministerio apostólico para sanarte.

– ¿Qué representa la nube, Señor?

El Señor respondió:

– La nube representa el ministerio quíntuple y una protección, eso es lo que hace una nube. Si buscas estar bajo autoridad y gobierno bíblicos dignos, se necesitará un grado de sanidad para ti. No solo eso, sino que lloverá –habrá una bendición–.

Ese ministerio apostólico realmente se me presentaba como una oposición porque yo formaba parte de un grupo que, literalmente, destruía hombres. Comencé de veras a luchar con Dios. Yo no quería tener nada que ver con nada que fuese apostólico, me daba ganas de vomitar. No quería saber nada con esa clase de cosas, pero sabía que era bíblico. Si vas a Efesios 4 no podrás escaparle al ministerio apostólico, ¿no es así? La Iglesia está cimentada sobre un fundamento profético y apostólico. No podemos escaparnos de eso. Finalmente, después de dos o tres semanas de lucha con Dios, dije: "Está bien, si existe un grupo con el cual involucrarme ahí afuera, uno que no venga y sea como un dictador en mi vida, entonces estoy dispuesto a considerarlo". Hasta ahí era adónde estaba dispuesto a ir en ese momento. Al día siguiente conocí a Gary González –misionero de países de habla hispana– y a otro hermano. Este otro hermano tenía la misma historia que yo. Se sentó conmigo en el almuerzo y me contó mi historia sin que yo abriera la boca. ¡Estaba convencido de que era la soberanía de Dios!

Así es cómo empecé a pasar por el proceso de averiguar todo acerca de Antioch Churches and Ministries (ACM,

es decir, Iglesias y Ministerios Antíoques). ¡Realmente los sometí a pruebas
muy severas! Quería saberlo todo, quería
saber en qué se gastaba cada centavo,
quería saber cómo funcionaba la estructura de la autoridad, quería saber qué re-
quisitos eran necesarios para ser
apóstol... y así continué sin parar. Tenía
miles de preguntas.

Yo había sido parte de otro grupo en el
que ayudaba haciendo la planificación
de las conferencias. Conocía todos los
pormenores de ese grupo, sabía lo que
en verdad acontecía. Sabía muy bien
cuáles eran las preguntas que había que
formular. Así atravesé por el proceso de
formar parte del ACM. Aparece John
Kelly y pasa tiempo conmigo, y mientras que para ti eso puede no significar
gran cosa, lo es cuando estás acostumbrado a los sujetos que vienen al pueblo y solo se relacionan con el pastor
mayor y nadie más. Que el apóstol en
jefe viniera y quisiera emplear su tiempo conmigo y con los hombres de mi
iglesia, constituía una sorpresa inusual.

Le pregunté:

– ¿Qué quiere hacer, Kelly, quiere tomar
asiento alrededor de la mesa de la sala de
juntas?

– ¡No! ¡Vamos al centro comercial! –exclamó Kelly.

Él quería ir al centro comercial, quería salir a pasear conmigo. Quería descubrir

LOS

MINISTERIOS

QUE TIENEN

LÍDERES QUE

ESTÁN MÁS

OBSESIONADOS

CON LA

CONSTRUCCIÓN

DE SU PROPIA

CASA

—SU MINISTERIO—

QUE DE LA DE

DIOS, TIENEN

TODAS SUS

PRIORIDADES

EQUIVOCADAS.

quién era yo. Yo no estaba acostumbrado a esa clase de cosas. Estaba acostumbrado a sentarme, con un traje de tres piezas, y a entablar conversaciones más importantes. Estaba acostumbrado a que me hablaran con altanería en lugar de que alguien se relacionara conmigo. Esto era como estar en otro mundo, no sabía bien qué hacer. Así es que fuimos al centro comercial y allí tuvimos nuestros debates.

LAS PRIORIDADES EQUIVOCADAS

La experiencia positiva con el ACM de Joe Warner contrasta claramente con algunos ministerios en donde los líderes han usado su autoridad para abusarse de los demás, pero este no es el único problema que enfrenta la gente de Dios. Algunos ministerios tienen líderes que están más obsesionados con la construcción de su propia casa –su ministerio– que de la de Dios (ver Salmo 127:1; Éxodo 1:8-9). Todas sus prioridades son erróneas.

Joe señala que el grupo en donde había sido herido contaba con un número de hombres que estaban calificados para plantar iglesias. Podían predicar, enseñar y estaban ungidos, podían hacerlo todo. Sin embargo, estaban incapacitados, impedidos, porque la actitud del líder era la de "construir mi casa". No había un ideal de liberación, no había un ideal de querer que sus hijos los superen. Los líderes querían que sus hijos se quedaran y construyeran su casa –la del líder–. Qué triste. La verdadera función de la reforma apostólica en la actualidad es la de construir la casa de Dios en preparación para la segunda venida de Cristo.

EL MIEDO ENTRE LOS HOMBRES DE EFRAÍN

El Salmo 78:9 dice: *"Los hombres de Efraín, aún armados con arcos, volvieron las espaldas el día del combate"*. Los efrainitas parecían estar preparados y actuaron con predisposición; sin embargo, cuando llegó el momento de ir a la guerra, se echaron atrás. ¿Por qué? No estaban realmente preparados para ir a la batalla. Podrán afirmarlo y hacer proclamaciones audaces, pero no estaban preparados para la batalla. Sus padres no los habían preparado antes. Se habían olvidado de Dios y tenían miedo. El miedo hace que los creyentes cometan muchas tonterías en el nombre de Cristo.

En mi visión las tropas habían formado círculos y eran muy precisas en lo que hacían. Creían que lo tenían todo, pero estaban tan empapadas de legalidad, formalidad y rigidez, que le causaban gracia al Guerrero. No gracia con un sentido lindo, sino gracia porque era absurdo que el Cuerpo de Cristo pudiera comportarse de ese modo cuando contamos con La Palabra de Dios para que nos dirija. Lo que el Guerrero me mostraba era la preparación pobre entre los hijos e hijas de Dios para el día de la batalla. Lo que le hacía falta para la victoria al Ejército de Dios era algo crítico: la unción corporativa.

SIN UNCIÓN CORPORATIVA

Mientras tanto, los soldados enemigos habían salido de su campamento, aguardando al Ejército de Dios para librar combate. Cuando el Ejército de Dios formó sus círculos, no dando señales de batirse con el enemigo, los pequeños guerreros enemigos iban hasta donde se encontraban los batallones del Ejército de Dios y comenzaban a arrojarles dagas pequeñas, flechas, palos y piedras. Los demonios los maldecían y se reían de ellos, burlándose del Ejército de Dios. Tres pelotones enemigos rodeaban los círculos que había formado el Ejército de Dios.

De entre medio de la lucha pude oír gritar a los soldados de Dios: "¡Estamos en guerra! ¡Estamos en guerra! ¡Somos el Ejército de Dios!"

Al principio era emocionante ver al Ejército de Dios en el campo de batalla con la unción corporativa. Entonces el Guerrero me llevó más cerca y pude ver al enemigo con mayor claridad, que se burlaba de ellos.

Luego el Ejército de Dios se dio la vuelta y regresó al valle de donde había venido.

El Ejército de Dios gritaba:

– ¡Estamos en guerra! ¡Esto es la guerra!

Hombres que han estado en la guerra con Irak –la Tormenta del Desierto– afirman que esta es una reacción natural. En paz durante los meses de preparación, al desatarse en verdad la Tormenta del Desierto, la reacción fue: "¡Estamos en guerra! ¡Esto es la guerra!" ¡El comprender que estaban en un verdadero conflicto de vida o muerte, pronto los sacudiría! El miedo, el escepticismo, el pánico y toda clase de emociones surgieron repentinamente a la superficie bajo tales presiones.

En la visión, el Ejército de Dios gritaba:

– ¡Estamos en guerra! ¡Esto es la guerra!

Pero no había una guerra real. Tan solo eran golpeados por pequeños demonios.

FRONTERAS LIMITADAS EN CUANTO A LAZOS DE IMPORTANCIA

Me preguntaba cómo podía el enemigo atacar al Ejército de Dios y por qué el Ejército de Dios no tomaba represalias, ¡Entonces me di cuenta! No había una unción corporativa. Al principio creí que la había, pero no. El Ejército de Dios no dejaba sus propios círculos para permitir que su unción fluyera con aquellos que se encontraban en los otros círculos. Aquellos círculos eran sus limitadas fronteras que encerraban todo lo que les era de importancia en cuanto a sus compañeros y la visión. En los círculos los soldados estaban tan concentrados en el interior, que no tenían idea de lo que sucedía alrededor. No podían discernir la voz de Dios –la trompeta– y no atacaban al enemigo, porque no había unción corporativa.

QUE SEAN UNO EN NOSOTROS

En Juan 17:21 Jesús oraba: *"Que sean uno en nosotros, para que el mundo crea que tú me has enviado"*. Hay dos cosas en este pasaje por las que Jesús oró que aún no han sucedido en la historia cristiana. Oró por unidad y oró para que el mundo supiera que Él fue enviado por el Padre. Cuando el Cuerpo de Cristo verdaderamente se una, el mundo lo sabrá. El Cuerpo se unirá y, cuando lo haga, el mundo se quedará pasmado porque nunca ha visto la verdadera unidad. Algunos equipos deportivos y organizaciones pueden llegar a tener algo de unidad en apariencia, pero el mundo jamás ha visto la unidad que nos da una alianza de verdad a gran escala.

AUTOPROCLAMACIÓN

En lugar de quedarnos en nuestros círculos creyendo que lo tenemos todo, tenemos que contactarnos en auténtica asociación entre compañeros. A veces creemos que lo tenemos todo; sin embargo, es obvio para todos los demás que nos rodean, que no es así.

Una vez estuve en la Ciudad de México con el apóstol Gary González. Él y yo tuvimos la oportunidad de oír a un apóstol autoproclamado proveniente de los Estados Unidos de América, que casualmente estaba allí. Salió al escenario y dijo que era el apóstol tal y tal de Oklahoma y comenzó a predicar, diciendo: "Alabado sea el Señor. Aleluya, alabado sea el Señor. Gloria, las gracias al Señor". Decía estas cosas en su mejor voz de barítono pentecostal.

El traductor dijo a la audiencia:

– Todo lo que está haciendo es vociferar clichés. Cuando empiece a decir algo que valga la pena, se los haré saber; mientras tanto, daré los anuncios.

Finalmente, el traductor se quedó sin anuncios, así es que sacó sus apuntes de la Biblia y predicó su propio sermón. El traductor predicó un mensaje mucho mejor que el del apóstol autoproclamado, que continuaba gritando clichés.

AUMENTEN LA UNCIÓN

No es difícil experimentar una unción ministerial más grande y salirse de los círculos de formalidad y legalidad que constituyen un obstáculo para el Reino. El apóstol Gary Kivelowitz, administrador apostólico en el ACM, es un gran ejemplo de hombre que acrecienta la unción en su ministerio. Hace más o menos nueve años Gary pastoreaba The Church of the Messiah (La Iglesia del Mesías) en New Jersey. Me llamó y me dijo:

– ¿Cómo hago para que la iglesia realmente sea guiada por el Espíritu Santo y para que crezca en evangelización y todas esas cosas?

La persona que se me vino en mente al instante fue Jimmy Mas, pastor de Covenant Life Christian Church (Iglesia Cristiana de Alianza de Vida) en Sunrise, Florida. Le di ánimo a Gary:

– Necesitas ponerte en contacto con el Pastor Jimmy Mas y hacer que venga y te transmita a ti y a tu iglesia la unción para los ministerios auxiliares y los líderes en entrenamiento.

Gary replicó:

– Pero, John, sé cómo hacer eso.

– Ah.

– John, ¿qué más?

Le expliqué cuatro cosas que creí que debería hacer.

– Pero, John, sé cómo hacer eso.

– Ah –respondí.

Gary insistió:

– Entonces, John, ¿cómo puedes ayudarme?

– Hermano, no puedo ayudarte. De acuerdo con lo que me cuentas, todo está fluyendo bien.

Finalmente Gary comprendió. Lo trajo a Jimmy Mas y este le transmitió su unción para levantar líderes. Eso ocurrió hace nueve años y aquella unción hoy todavía fluye.

Unos pocos años más tarde la iglesia de Gary, Iglesia del Mesías, se secó. Durante este tiempo de sequía oyó que la congregación del pastor mayor Tony Germano, Victorious Life Christian Church (Iglesia Cristiana de la Vida Victoriosa) del estado de Nueva York, vivía una ola de renovación. Gary se reunió con sus mayores y les dijo:

– No necesitamos un depósito de eso. No quiero que eso venga y nos visite por el fin de semana dejándonos con el recuerdo de su paso y hablar de ello hasta el año siguiente. Quiero que fluya en nuestra iglesia. Quiero que esa unción fluya exponencialmente en nuestra iglesia.

Entonces lo llamó a Tony, con quien son muy buenos amigos. Gary le dijo:

– Tony, oí que vives una renovación en tu iglesia, ¡la necesito!

– ¿Qué puedo hacer por ti? –preguntó Tony.

– Tony, tú eres el doctor; tú escribes la prescripción. Tú tienes la unción; ¡dímelo tú!

Gary continuó explicándole que no solo quería un depósito, sino que quería que la unción fluyera a lo largo de los años por venir.

– Tony, dime cómo puedo lograr que esta unción fluya en nuestra iglesia.

– Gary, lo primero que necesitas hacer es reunir a todos tus líderes que puedan tomarse un tiempo libre en su trabajo, conseguir un par de camionetas, llegar a nuestros encuentros y permanecer sentados bajo esa unción por unas pocas noches –señaló Tony.

¡Gary lo hizo! ¿Sabes por qué? Quería fluir en esa unción. Un puñado de sus líderes pasó un par de días en los servicios de Tony. Luego Tony dijo:

– Devuélvanlo, y en un mes o dos iré a visitarlos. Después de que los visite, nos mantendremos en contacto.

Así lo hicieron y luego de un par de meses recibieron el avivamiento en su iglesia. Ese avivamiento todavía fluye, mucho tiempo después de que Gary se marchó como pastor de esa iglesia.

Luego hubo un tiempo en el que los grupos de la comunidad de Gary se murieron. Gary hizo todo lo que sabía hacer. Hasta les profetizó a los muertos, pero los muertos permanecieron muertos. Finalmente Dios le habló y le hizo esta pregunta:

– ¿A quién conoces que tenga una unción muy fuerte como para traerles vida a los encuentros de una comunidad?

Gary respondió:

– Bueno, Señor, ¡el pastor John Diana de Pittsburg Word and Worship (Palabra y Adoración de Pittsburg)!

Gary le hizo una llamada telefónica a John y le contó que tenía un problema con los encuentros de su comunidad –grupos célula– y que necesitaba un poco de vida en ellos. Gary le dijo:

– John, no busco una buena idea. Necesito una corriente de unción que fluya por años y años y que se mezcle con mi unción y la unción de esta iglesia. No quiero solamente una buena idea o algo que nos infle por un fin de semana. ¿Puedes ayudarnos?

John respondió:

– ¿Qué quieres que haga?

– ¡Tú eres el doctor!

– Bueno, ¿sabes qué sugiero? Propongo enviarte a Rick y Natalie Paladin. Si los recibes, creo que Dios los usará para una corriente que siga en curso en tu ministerio. (Rick era el co pastor de Greater Pittsburg Word and Worship).

Gary no estaba ofendido. Aunque esperaba contar con la presencia de la cabeza, había alguien más a quien la cabeza recomendaba. Gary recibió a Rick y Natalie Paladin y, luego de que pasaran un tiempo allí, Gary permaneció en contacto telefónico con ellos durante un par de meses para ser guiado. Les fue devuelta la vida a los grupos de la comunidad y esa vida permanece muchos años después.

UNA CABEZA QUE MONTA UN CABALLO

Gary recuerda la vez en la que asistió por primera vez al Men in Ministry Conference, cuando un profeta se puso de pie y profetizó. Profetizaba en voz alta y muy fuerte, y decía:

– Jesús cabalga en un caballo blanco en este lugar. No hay nadie, todos quieren recibir de la cabeza únicamente. Sin embargo,

Jesús nos llama a recibir del resto del Cuerpo. Necesitamos esas otras unciones que fluyan en nuestro ministerio. Si tan solo nos humilláramos a nosotros mismos y nos escapáramos de nuestros pequeños círculos y pidiéramos, entonces recibiríamos.

JEHÚ: UNA ESPECIE DE APÓSTOL

Jehú fue una figura del Antiguo Testamento que escapó de su círculo y estaba decidido a llevar a cabo la tarea que Dios le había ordenado que hiciera. En 2 Reyes 9 Eliseo envió a un joven profeta a ungir a Jehú como rey de Israel. El joven profeta lo encontró a Jehú sentado con otros oficiales del ejército; se dirigieron a una habitación interior donde le hizo la proclamación que Eliseo le envió a decir.

Cuando salió de la habitación interna, los otros oficiales le preguntaron: *"¿Para qué vino a llamarte este loco?"* (2 Reyes 9:11).

Jehú respondió diciendo: *"Ustedes conocen a ese hombre y la clase de cosas que dice"* (v. 11). En otras palabras, ustedes saben cómo son esos profetas: están un poquito chiflados.

Cuando Jehú les contó a sus compañeros oficiales que el joven profeta lo había ungido rey de Israel, estos extendieron sus mantos hacia él y gritaron: *"¡Jehú es rey!"* (v. 13).

Inmediatamente Jehú y sus hombres partieron para Jezrael. Al acercarse a Jezrael, el rey Joram de Israel envió unos hombres a caballo para ver si Jehú venía en paz. Los jinetes preguntaron: *"¿Vienen en paz?"* (vv. 18-19).

Jehú respondió: *"¿Qué tienes que ver tú con la paz? Pasa detrás de mí"* (v. 19). En otras palabras, no te interpongas en mi camino o morirás.

Cuando el rey Joram de Israel se aproximó a Jehú en su carro, Jehú disparó una flecha que le dio a Joram entre los hombros, y le quitó la vida.

Cuando Jezabel oyó lo que había sucedido, *"se pintó los ojos, se arregló el cabello y se asomó a una ventana"* (v. 30). Jehú, sin vacilar, gritó: *"¿Quién está de mi lado?"* (v. 32).

Algunos eunucos, que estaban cerca y de pie, le respondieron. Jehú dijo: *"Échenla abajo"* (v. 33). Así lo hicieron, y ese fue el fin de Jezabel.

Luego Jehú asesinó a setenta hijos de la casa de Ojab, a todos los parientes y a todos los sacerdotes de Baal. Jehú no perdía el tiempo en tratar de organizar una fórmula, simplemente juntaba a sus hombres y continuaba llevando a cabo la voluntad del Señor.

Jehú es una forma y sombra del apóstol. El apóstol reúne a sus hombres que quieran ir a la guerra espiritual contra las fuerzas demoníacas de Satanás, y entabla combate con ellas dondequiera que se las encuentre. El enemigo no le arrojará palos y piedras al Ejército de Dios, ni se le permitirá que se burle de ellos como lo permitió en mi visión el Ejército de Dios.

HOMBRES DE VALOR

El ejército apostólico reunirá hombres de valor, con diferentes historias de vida, que se unifiquen y persigan con agresividad a las fuerzas del enemigo. Ese es el modo en el que se supone que debe funcionar un grupo. Es un ministerio de dar y recibir donde todos se benefician. La razón por la que los pelotones enemigos pudieron atacar al Ejército de Dios, fue porque estaban en sus propios círculos pequeños separados del resto del Cuerpo, en lugar de estar unificados. Estaban aislados y solos, tratando de librar una guerra que eran incapaces de pelear solos (ver Eclesiastés 4:9-12).

CAPÍTULO 5

AGOTAMIENTO DE LAS TROPAS

CUANDO EL LIDERAZGO DEFICIENTE DISPERSA A LOS HIJOS DE DIOS

Lo que vi a continuación, me horrorizó. Dije:

– No, esta visión no es de Dios. ¡La reprendo en el nombre de Jesús!

Entonces la visión se detuvo. Esto ocurrió una noche mientras no estaba en oración.

Otra noche tuve el mismo sueño. Me encontraba en el mismo lugar del primer sueño y vi los mismos sucesos. Dije, nuevamente:

– Reprendo esto en nombre de Jesús. Este sueño no es de Dios.

El Guerrero me decía con reiteración:

– Hablarás de esto en el Ministerio Masculino.

Quería que yo contara esta visión en nuestra próxima conferencia de hombres.

Luego me fueron dados el mismo sueño y visión, pero tan pronto como los reprimí, una voz me dijo:

– ¡Si me reprendes una vez más, a mí, el Señor tu Dios, te reprenderé a ti! ¡Hablarás de esta visión!

¡Lo que vi entonces, me dejó pasmado! Los hombres de los batallones habían formado círculos y estaban esparciendo su semilla en la tierra. Dije:

– Dios, ¿qué significa esta cosa sexual, impura y obscena que veo?

Dios replicó:

– No es nada de eso. Retira tu mente de ese lugar, no es acerca de eso de lo que hablo. Lo que ves son hombres y mujeres desperdiciando la semilla de mi unción en sus ministerios, al no producir hijos e hijas espirituales. Sí, predican, profetizan y practican dones espirituales sobre mi gente, pero no construyen en mi gente. ¡Son derrochadores! ¿Acaso no habla La Palabra de mi semilla incorruptible y de la semilla corruptible? Lo que te muestro es que mi semilla incorruptible puede ser corrompida mediante el derroche y la disipación de mi unción.

Esa era la escena que permanecía en mi mente, la cual era particularmente desagradable. Ese era el motivo por el que continuaba reprendiéndola, hasta que el Señor amenazó con reprenderme a mí. Lo primero que pensé fue: "¿Cómo se desperdicia la unción?"

El Ejército de Dios derrochaba la unción esparciendo su semilla en el suelo. Al reflexionar acerca de ello, se hizo evidente. Se desperdicia la unción y se esparce nuestra semilla en el suelo cuando no construimos de acuerdo al modelo bíblico y no dejamos un legado espiritual. Los hombres arrojaban la semilla hacia adentro, hacia su propia visión interior. Su pecado no era un pecado sexual, sino un pecado contra la imagen de Dios. No producían discípulos para la siguiente generación, usaban hombres para llevar a cabo su propia visión personal y no la visión mayor, la de construir el Reino.

A todos los cristianos se nos da una visión personal, pero junto con una visión personal se nos da una visión para nuestro matrimonio, nuestra iglesia, nuestra ciudad, etc. Debemos dejar que la visión personal esté al servicio de la visión mayor. La visión personal debe someterse a la visión matrimonial, la visión matrimonial debe someterse a la visión de la iglesia, la visión de la iglesia debe someterse a la visión de la ciudad, etc. Al dejar morir la visión personal para estar al servicio de la visión mayor –matrimonio, iglesia, ciudad, etc.– Dios entonces resucita nuestra visión personal y nos permite transitarla. Estos hombres le prestaban servicio a su propia visión personal sin considerar la visión mayor.

EL PECADO DE ONÁN

En Génesis 38:8-10 a Onán se le ordenó que tuviera relaciones con la esposa de su hermano para darle descendencia a su hermano difunto.

"Entonces Judá dijo a Onán: `Cumple con tu deber de cuñado y toma a la esposa de tu hermano para darle descendencia a tu hermano difunto´. Onán sabía que aquella descendencia no sería suya, y así, cuando tenía relaciones con su cuñada, derramaba en tierra el semen, para no darle hijos a su hermano. Lo que hizo no le agradó a Yavé, y le quitó también la vida".

Onán vivía su propia visión personal. Ya que la descendencia no sería la suya, derramaba la semilla en la tierra. La Iglesia actualmente cuenta con muchos "Onanes" que ven solamente su propia visión personal. Dios les ha dado su visión para sus iglesias y ciudades, pero ellos no toman en cuenta la propagación del evangelio más allá de sus propias vidas. Si no poseen la visión de Dios o no pueden controlarla, como Onán, no la desean. En consecuencia, al igual que Onán, cometerán la iniquidad de derramar las semillas.

Algunas veces una auténtica visión de Dios puede conducir a errores muy graves si la persona que la recibe utiliza todos los medios que estén a su alcance para hacer que esta se realice. Solo hay una manera de realizar cualquier visión de Dios, y esto es construyendo el Reino. Solo hay una manera de construir el Reino, y esto es construyendo el Reino en la gente. El error más grave consiste en usar a la gente para cumplir una visión sin construir el Reino dentro de ellos, y así apartarlos de su llamada.

Si un líder de la iglesia derrama la semilla en el círculo mediante la realización de su propio programa y no poliniza la semilla, Dios no permitirá que ese líder se autopolinice. Por consiguiente no habrá un ministerio próspero para la siguiente generación.

UN MONTÓN

Todos los cristianos somos ungidos, pero si miramos hacia adentro y derramamos nuestra semilla, se desperdicia la unción. El pastor Jimmy Mas dice: "Hay un montón de líderes ungidos". Esto es verdad. Los líderes de algunas de las iglesias más grandes de este país trabajan con las almas de una forma indignante: manipulan los dones de otros para construir su propio ministerio y provocan que los creyentes se prostituyan por el bien de la visión del líder. Hoy tenemos este exceso de líderes de almas ungidos, porque sus predecesores tenían el mismo ideal y lo fomentaron. Cada generación nueva de líderes de almas ocupa su lugar en el círculo reemplazando a los anteriores líderes de almas, y continúa esparciendo su semilla hacia adentro.

Mi opinión personal es que ninguna mega-iglesia ha llegado alguna vez con éxito a la segunda generación. Si hicieras un análisis de la historia de las mega-iglesias de Norteamérica, creo que descubrirías vacías a la gran mayoría de estas edificaciones u ocupadas tan solo por un puñado de personas. Estos grandes edificios vacíos son el resultado de los hombres que no construyen de acuerdo al modelo bíblico y que, en lugar de hacerlo, usan los dones de otros para construir sus propios reinos personales. Las mega-iglesias son grandes por una razón: se niegan a liberar a sus hijos para ser enviados afuera para plantar otras iglesias. Los retienen en su casa para que continúen prestando servicio a la visión del líder.

Jimmy Mas contrapone este liderazgo egoísta con aquellos líderes nutridos de principios bíblicos: "Cuando entrenas a tu gente o a tus líderes para que vivan según los principios bíblicos, ellos seguirán viviendo según lo que se les ha enseñado, aún cuando las cosas marchen bien y florezcan, o cuando marchan mal y se conviertan en un desastre. De hecho, le prestarán muy poca atención a aquellos que no viven según esos principios".

MODELO DE IGLESIA DE ANTIOQUÍA VS. MODELO DE IGLESIA DE JERUSALÉN

La New Testament Church (Iglesia del Nuevo Testamento) de Antioquía es el modelo de la iglesia moderna. Era una iglesia que enviaba misioneros y evangelizadores y plantaba iglesias (ver Hechos 13:1-4). Enviar y plantar debería ser el objetivo de cada iglesia, porque este es el modelo en Las Sagradas Escrituras.

Jerusalén es el modelo de ministerio apostólico. Sin embargo, es un modelo pobre en cuanto a plantar iglesias y al desarrollo de la iglesia local. En el modelo de Jerusalén vemos una mega-iglesia en donde miles son rescatados y la presencia del liderato local retiene a otros creyentes en la ciudad (ver Hechos 2:6). Esto obstaculizó la eficaz expansión del reino –hasta que la persecución forzó al liderato a plantar otras iglesias en el exterior–. Claramente, las mega-iglesias que no envían misioneros ni plantan nuevas iglesias activamente, no sobreviven en la segunda generación.

No hay nada de malo en construir una iglesia grande, no quise decir eso en absoluto. Si un pastor construye conforme al modelo, enviando y plantando, seguramente Dios va a bendecir ese trabajo. Sin embargo, para la expansión del Reino, es mejor tener diez iglesias de cien personas que una iglesia de mil personas. Está comprobado que el método de evangelización más efectivo es el de plantar iglesias.

Pero las mega-iglesias son frecuentemente deficientes en la ayuda que le brindan a su gente para desarrollar los ministerios. Lo que es extraño es que mucha gente va a una mega-iglesia justamente por esa razón: quieren aprender y tener la oportunidad de ministrar. Y lo que encuentran es justo lo contrario. Las iglesias grandes y las iglesias pequeñas, virtualmente tienen las mismas solicitudes y número de oportunidades para servir en un ministerio. La única diferencia entre las dos congregaciones es que la oportunidad de servir y crecer en el ministerio es mayor en una iglesia más pequeña.

Piénsalo bien. ¿Cuántos mayores –en espiritualidad– necesita una iglesia de mil personas? Tal vez seis. ¿Y cuántos necesita una de ciento cincuenta? Probablemente seis. ¿Cuántos pastores necesita una iglesia de mil personas un domingo a la mañana? Uno. ¿Y cuántos necesita una de ciento cincuenta? Uno. ¿Y qué podemos decir con respecto a la Escuela Dominical, al ministerio de adolescentes, a los diáconos, los porteros, los maestros, etc.?

Es obvio que existen muchas más oportunidades en una iglesia pequeña que en una mega-iglesia. Es obvio el por qué de que diez iglesias de cien miembros sean más eficaces en reunir a los perdidos que una iglesia de mil. Hay mucha más gente integrada en el ministerio.

DESARROLLO DEL LIDERAZGO

Se supone que el ministerio quíntuple indica: *"prepara a la gente de Dios para las obras del servicio en vista de la construcción del Cuerpo de Cristo"* (Efesios 4:12). Los líderes deberían preparar a la gente de Dios para las obras del servicio, con el propósito de construir el reino de Dios. No es para la construcción de nuestra visión o ministerio, es para la construcción del reino de Dios. Esto solamente puede realizarse con una mentalidad liberadora, a fin de que aquellos preparados para un ministerio puedan ser enviados y puedan ir a plantar iglesias.

Larry Kreider, supervisor de Dove Christian International de Efrata, Pensilvania, que pastoreaba una iglesia de más de dos mil personas, cuenta que pasó por algunos cambios y reformas en su escala de valores antes de que el Señor lo llamara a un movimiento apostólico. Así fue que a fines de enero de 1996 la gran iglesia fue dividida en muchas más pequeñas. Tenían grupos célula en viable funcionamiento, por lo tanto ya tenían a los líderes ocupando su correspondiente lugar a raíz de su evolución en cuanto al liderazgo. La clave se las dio el Señor hace quince años cuando les puso en sus corazones la necesidad de entrenar padres espirituales de a grupos pequeños y de entrenar líderes para el trabajo ministerial.

De otro modo, hubiese sido una tarea imposible. Ahora cuentan con cientos de personas que ocupan nuevos roles como líderes y mayores. Por medio de todo esto, no solo sostienen hijos espirituales, sino que también levantan padres espirituales.

Subir la escalera eclesial

El pastor Ray Guinn de Family Life Christian Center (Centro de Vida Familiar Cristiana) de Houston, Texas, cuenta acerca de su experiencia en una denominación. Dice que cuando iba a pastorear una iglesia, sabía que no estaría allí por mucho tiempo. Las iglesias babilonias –como él las llama– en las que había estado, tenían un paradigma como este: te encontrabas en una profesión y en una escalera corporativa. Para tener éxito en el ministerio, básicamente tenías que subir la escalera. Lo que muchos hacían era conseguir el boletín informativo del mes para fijarse qué oportunidades se habían abierto en las grandes iglesias y, en el secreto de su habitación o de su estudio, preparar sus currículas y postularse. Esto es lo que hallamos hoy en el cristianismo y lo que se ha llevado a cabo en muchos lugares. El pastor Guinn continúa:

> En los años '70 teníamos un montón de centros de enseñanza que surgían por todo el país. Sin embargo, hay mucho más para ministrar en la gente que tan solo considerarlas como seres a quienes podemos impartirles

UN

VERDADERO

PADRE

ESPIRITUAL

QUERRÁ VER

A SU HIJO

CRECIDO,

MADURO Y

AFIANZADO,

FUERTE, FIRME

Y VICTORIOSO

EN LOS ASUNTOS

DE DIOS.

enseñanzas para sentirnos realizados como maestros. Hay muchos instructores, gente que quiere reunir gente para ellos mismos. Esta gente ama tener una multitud de personas porque ama la emoción y el gozo de enseñar –estar en el púlpito–.

Sin embargo, Dios no nos ha llamado para desarrollar centros de enseñanza. Él ha llamado a padres espirituales que también cumplieran con la responsabilidad de ser padres. Hay mucha gente que da a luz pero que no quiere criar hijos espirituales. Quieren parirlos, y luego dicen: "He tenido el placer de dar a luz estos hijos, ¡ahora tómalos tú y críalos! ¡Nútrelos tú! ¡Ámalos tú! ¡Repréndelos tú! Sé tú responsable de ellos". El resultado es que estamos criando a una generación de hijos bastardos sin padres. El Espíritu Santo tiene que pedirle cuentas a la Iglesia, tiene que hacerle entender a la Iglesia que hay mucho más para hacer que simplemente dar a luz

Un verdadero padre espiritual querrá ver a su hijo crecido, maduro y afianzado, fuerte, firme y victorioso en los asuntos de Dios. Un verdadero padre espiritual querrá ver a sus hijos desprenderse de ellos –siendo enviados y plantandos– y triunfar. Ningún padre verdadero querrá retener al hijo a su lado en la casa para que este pueda cortarle el césped y hacer los quehaceres. A pesar de ello, esto es lo que sucede en la mayoría de nuestras iglesias en Norteamérica: a los hijos que están en condiciones óptimas para ministrar, se los retiene en su hogar, cuando deberían desprenderse de allí para construir el Reino.

SUS PROPIAS INSIGNIAS ELITISTAS

Los hombres del círculo corrompían la semilla incorruptible mediante el desperdicio de la unción. Algunos de ellos eran ministros quíntuples profesionales, otros eran ministros laicos. Estaban tan centrados en su propia visión que no podían discernir el llamado de la trompeta. No sabían dónde estaba la línea de batalla, eran incapaces de librar una guerra, carecían de unción corporativa y respondían a su propia insignia elitista. Todo ese tiempo creían que lograban algo. Tenían una visión interior, habían tomado la visión que Dios les había dado y la habían convertido en una visión interior, corrompiendo la unción, ya que tenían un plan perverso para la construcción del Reino.

Hay un salmo que nos brinda un excelente panorama de la Iglesia actual:

"Dirige tus pasos a esas ruinas sin remedio; el enemigo saqueó todo en el santuario. Lanzaron alaridos en tu tienda, a la entrada pusieron la bandera extranjera" (Salmo 74:3-4).

El enemigo ha devastado mucho a la Iglesia, no mediante un enfrentamiento con ejércitos enteros, sino sutilmente, de a poco. El enemigo entró al santuario y dañó todo lo que llamamos Iglesia, ha derribado los estandartes de Dios y ha levantado los propios.

Los hombres del círculo aclamaban cuán lejos podía arrojar la semilla cierta gente. No solo desperdiciaban la unción, sino que hasta inclusive se jactaban del derroche de la misma. Tal vez esta sea la cosa más arrogante que alguien pueda cometer: desperdiciar la unción y luego jactarse de ello. Algunos de los hombres del círculo estaban orgullosos de sus propios logros; tan orgullosos, de hecho, que competían con otros hombres para ver quién podía arrojar la semilla más lejos. No se daban cuenta de que si tan solo se daban vuelta y miraban hacia fuera, la semilla podría haber ido mucho más lejos. Dándose vuelta hubiesen tenido una visión externa para la construcción del Reino y podrían haber utilizado la unción con eficacia.

Los hombres del círculo que arrojaban sus semillas y competían entre sí, no comprendían su llamado. Usaban su llamado como licencia para exaltarse ellos mismos. La línea entre lo espiritual y lo secular era difusa, porque lo secular estaba en todo lo que hacían.

No existe tal límite difuso entre lo espiritual y lo secular para el pastor Luther Laite, de Christian Life Family Church (Iglesia de Vida Familiar Cristiana) de Palm Bay, Florida. Luther cuenta con un negocio de apoyo aparte de su ocupación, y tiene un contrato con varios negocios en el área de Palm Bay. Uno de ellos es con un comerciante de Chevrolet, que es una de las concesiones más importantes del país. Esta operación es verdaderamente impecable y de muy alto nivel.

La influencia de Luther va más allá de asegurarse de que el lugar luzca bien. Tras ministrar la Palabra al dueño del negocio de automóviles, Luther hizo que este se diera cuenta de que tenía algunas personas trabajando para él que no agradaban a Dios. Esas personas no honraban sus alianzas matrimoniales.

Mientras Laite ministraba al dueño, el caballero comenzó a caer en la cuenta de que Dios detenía su bendición sobre su concesión, ya que toleraba el pecado al no confrontar a algunos de sus productores principales. Tuvo una reunión con ellos y dijo que iba a poner a Dios en primer lugar. En el proceso de la reunión, advirtiendo el nuevo sentido de la moral del dueño, especialmente en asuntos que tenían que ver con la fidelidad matrimonial, el productor principal se fue. El dueño también tomó la decisión de cerrar la concesionaria los domingos. Esto sorprendió a sus vendedores, porque el domingo era el día de mayores ventas de la semana. De todos modos, Dios bendijo el deseo de ser un dueño honorable y ético de este buen hombre. Dios permitió que su negocio vendiera el sábado y el lunes más autos de lo que alguna vez había vendido cuando estaba abierto el domingo. Laite fue instrumento de Dios en la creación de la influencia del Reino, al compartir una misma bandera con el dueño. El efecto que obtuvo el dueño, a su vez, causó un cambio constructivo en su concesionaria.

EL LÍMITE ENTRE LO SECULAR Y LO ESPIRITUAL

Keith Tucci, movilizador de la iglesia apostólica de Pittsburgh, Pensilvania, dijo esto acerca del ministerio:

Tenemos que aniquilar el límite entre lo secular y lo espiritual si pretendemos ser gente del Reino, si vamos a ser los leones jóvenes, los hombres jóvenes que salen afuera y llevan el Reino, los hombres jóvenes que vamos a ser jueces, los hombres jóvenes que vamos a ser senadores, los hombres jóvenes que vamos a ser doctores, banqueros y empresarios. Los hombres jóvenes que vayan a hacer estas cosas, tienen que creer que están allí representando a Dios.

Si eres un hombre de Dios, no importa lo que hagas, no tienes un empleo secular. Podrás tener alguna organización secular que paga tu salario misionero, eso está bien. No es como si de las nueve a las diecisiete le pertenecieras al mundo, y luego, después de eso, le pertenecieras a Dios. Esta clase de pensamiento nos ha puesto en una posición en la que la Iglesia toma una postura a la defensiva, en lugar de una postura a la ofensiva.

Si alguien es banquero cristiano, debería tener una visión de servir a Dios como banquero cristiano. Ser cristiano y construir el

Reino no empieza después del horario bancario. Lo mismo va para cada profesión, ya que servir a Dios no puede estar separado de lo que hacemos. Keith, líder del movimiento Right-to-Life (Derecho a la Vida), afirmó:

De mi experiencia en el trato con las autoridades, las personas más peligrosas que conocí fueron cristianos profesantes que están confundidos acerca de quién es al que sirven. El castigo más duro impuesto a la gente que hace cosas honestas proviene, con frecuencia, de cristianos profesantes.

Un juez cristiano profesante le dijo a Keith:

– Bueno, cuando me visto con esta túnica, le pertenezco al Estado.

Entonces Keith le contestó:

– Ojalá usted no muera con esa túnica puesta.

Estoy a favor de la vida, con excepción de...

En otra ocasión, un político que presentaba su candidatura al poder, fue a visitar a Keith. Este sujeto era un cristiano profesante y una persona bien directa en lo que tenía para expresar, y quería que Keith lo ayudara en su campaña. Keith le hizo preguntas con respecto a su creencia y el tema se desvió al de la protección de los no nacidos, es decir, las generaciones venideras.

El político declaró:

– Bueno, yo estoy a favor de la vida con excepción de... –y luego empezó a nombrar las excepciones.

Para cuando concluyó, era obvio que no estaba a favor de la vida en absoluto.

Keith le dijo:

– Si vas a postularte como cristiano, no tienes autoridad para hacer esas excepciones. Nadie te dio esa libertad, nadie tiene esa licencia.

El político contrarrestó la situación diciéndole a Keith que estaba bien para él –Keith– estar incondicionalmente a favor de la vida, porque era predicador.

Este político estaba criado en la Iglesia, era un cristiano declarado, pero su reacción ejemplificaba un problema que tenemos hoy en la Iglesia. Este hombre no comprendía su llamado. El propósito por el que se postulaba en el poder era porque estaba frustrado por algunas cosas que sucedían. Sin embargo, la verdadera razón por la que cualquier creyente tendría que postularse en el poder es para adelantar el Reino y cumplir con un llamado. Tener más dinero o una vida mejor no está mal, simplemente es secundario a los deseos que Dios tiene para cada uno de nosotros de ser constructores del Reino.

Abusado en el nombre de Cristo

Existen muchos casos de gente que ha sido abusada en el nombre de Jesús, abusadas por "hombres" que se encuentran en el círculo y miran hacia adentro. Keith cuenta la historia de un hombre que limpiaba alfombras, que fue a limpiar las suyas hace unos pocos años. Era un caballero ya mayor, miembro de una iglesia. Cuando las alfombras estuvieron limpias, Keith sacó su billetera y le preguntó cuánto le debía. El anciano caballero contestó:

– ¿A qué se refiere?

Keith reiteró la pregunta:

– Bueno, ¿cuál es el costo?

– ¿Usted va a pagarme?

– Claro, por supuesto.

– Como usted es un predicador simplemente supuse que pensaría que lo iba a hacer a cambio de nada –dijo el hombre.

– ¡Ah, no, hermano, el trabajador tiene derecho a un salario digno! –replicó Keith.

Este hombre se sentó y lloró en el living de Keith. Tenía setenta y tantos años de edad y había hecho esta clase de trabajo toda su vida. Los hombres que deberían ser los primeros en pagarle al trabajador habían sacado provecho de él. Aceptar un regalo de alguien es una cosa, pero sacar provecho de alguien es absolutamente terrible.

AUTOESTIMARSE

En mi visión los hombres del círculo se estimaban solamente a sí mismos. Buscaban el aplauso, el vitoreo y la atención de otros. Justo la clase de personas que quieren ser la novia en cada boda y el difunto en cada funeral. Pero los líderes en Cristo auténticos exaltan y se preocupan por las necesidades de sus hermanos y hermanas. No desean ser el centro de atención, sino que tienen todos los deseos de formar creyentes (ver Romanos 12:9-16; Filipenses 2:1-11).

Como lo expresa el apóstol Mel Davis, mayoral de International Association of Ministres (Asociación Internacional de Ministros) con base en British Columbia, Canadá:

Si no puedo valorar a otro hermano, dentro de mí hay algo que está mal. Los hermanos que Dios usa tienen espíritus grandes. ¿Alguna vez has observado cómo se comportan con otro ministerio los hombres de Dios, a los que Él usa con poder? Le dan una palmada, lo aplauden, aprueban todo lo que su par proclama con un amén y lo felicitan con lágrimas por las cosas más pequeñas que hace. Cualquier cosa realizada en el nombre de Cristo es una alegría para ellos, y se deleitan en hacerlo, mientras que los que poseen espíritus pequeños y ministerios inútiles nunca felicitan o aplauden a otro hermano. No logran darse cuenta de que la manera en la que nos valoramos el uno al otro, es la forma en la que seremos valorados.

Los hombres del círculo tampoco se hacían responsables de nadie. La Biblia expresa claramente que necesitamos la fortaleza física y emocional de otros para seguir en pie (ver Eclesiastés 4:9-12), mas también necesitamos de la responsabilidad sana de otros cristianos para que nos reprendan y hagan crecer (ver Romanos 15:14; Efesios 4:16; Colosenses 3:15-17; 1 Tesalonicenses 5:12; Tito 2:15). El pastor Jimmy Mas tiene esta perspectiva acerca de tal liderazgo:

No tengo ningún respeto por los líderes que son reacios a afrontar confrontaciones y responsabilidades, no me importa lo viejos o jóvenes que sean, ni lo exitosos que hayan sido, eso no significa nada. ¿Por qué? Porque la gente que está allí sentada quiere principios, y quiere que sus líderes los orienten hacia esos principios.

El pastor Dion Boffo agrega lo siguiente con respecto al liderazgo y a la responsabilidad:

Si la gente ve en la iglesia que el líder no es disciplinado, ellos tampoco van a serlo. El líder puede hablar de principios, disciplina, restauración y demás, pero si esto no se refleja en su vida personal, no ocurrirá tampoco en la iglesia.

Una de las formas para descubrir si en tu vida personal se cumplen esas cosas, es contestando estas preguntas: ¿De quién eres responsable? ¿Quién se encarga de ti? ¿A quién le has dado permiso para que supervise las cosas en tu vida? ¿A quién le has dado permiso para preguntar cómo está tu oración personal? ¿Cómo está tu esposa? ¿Cómo están las cosas en tu vida familiar? Cuando hablamos de disciplina eclesial, hablamos de autodisciplina y de desarrollar esas cualidades del carácter que son tan importantes en el Reino.

Cuando les preguntas a algunos líderes de la iglesia acerca de ser responsables, ellos responden: "Soy responsable de mi consejo". Pero en la mayoría de los casos el consejo no querrá ofender al líder y no son responsables por omisión. El líder elige al consejo y el líder puede despedir al consejo. Necesitamos alguien que conozca qué es lo que sucede en nuestras vidas y que no se preocupe por ofendernos, ya que alguien de quien podamos depender, siempre nos asesorará con honestidad. Es por nuestro propio bien; de lo contrario, podríamos acabar como aquellos que vi en el círculo, que arrojaban las semillas.

La unción puede ser peligrosa

Y lo que es más, que Dios le otorgue dones a una persona, no hace que esa persona sea ministro. Joe Warner cuenta la historia de un hombre que estaba increíblemente dotado por Dios y, debido a sus dones, un grupo de iglesias le otorgó un ministerio. Como no había padres espirituales para vigilarlo, destruyó seis iglesias. Pudo hacer eso porque tenía una gran unción, tenía una imponente capacidad para enseñar y era uno de los mejores comunicadores que Joe había escuchado alguna vez.

Muchos hombres tienen una gran capacidad como oradores, dones y varias habilidades, pero no tienen un ministerio funcional. Pedro fue llamado a ser pescador de hombres, pero luego de tres años y medio todavía no lo hacía. Cuando Cristo regresó de entre los muertos y se le apareció a Pedro, ¿qué pescaba Pedro? ¡Peces! Todavía no había comenzado a pescar hombres, a pesar de que había sido llamado a hacerlo.

La unción puede ser peligrosa si no se la utiliza adecuadamente. Cuanto mayor sea tu esfera de influencia y unción, te vuelves más peligroso, no solo para el enemigo, sino también para el reino de Dios. Porque si fracasas moral o espiritualmente, todo lo que alguna vez hayas hecho en tu ministerio se convierte en una broma. Cuanto mayor sea tu influencia y tu unción, mayor será la necesidad de una contención. Conozco 5 ó 6 hombres con los que cuento para hablar los asuntos de mi vida, pero también le he pedido a Emanuelle Cannistraci, pastor superior de Evangel Church (Iglesia Evangélica) de San José, California, que me contenga y me supervise. Esos 5 ó 6 podrían estar un poco indecisos a la hora de ofenderme, pero sé que Emanuelle no. Él ama ofenderme, entonces sé que siempre puedo confiar en él.

Si un líder de grupo de la comunidad inicia una doctrina falsa, puede ser corregido o sacado de la iglesia. Sin embargo, si un pastor inicia una falsa doctrina, eso podría dividir la iglesia, y él podría reunir a un grupo para que lo siguiera. Los líderes pueden ser muy peligrosos para el Cuerpo de Cristo porque, si se pierden, eso puede arruinar a muchas personas. Los líderes son más peligrosos que las personas sentadas en los bancos de la iglesia. Esta es la razón por la que un pastor necesita un apóstol por encima de él, ¡no un supervisor! El pastor necesita estar bajo la responsabilidad de alguien, de la misma manera en que su gente tiene que estar bajo la suya.

VANIDAD DE LA CARNE

Esta vez el Señor hizo sonar su trompeta y el Ejército de Dios se levantó y regresó a su campamento. Entonces el Guerrero me dijo:

– Ahora, escucha.

Los soldados se exclamaban unos a otros:

– ¡Hombres, fuimos atacados! Hemos sido perseguidos. ¡Qué oposición! ¡Qué guerra! Derribamos fortalezas. Ahora podemos irnos y hacer una conferencia acerca del importante avance. Todos serán transformados desde ahora en adelante.

Y comenzaron a organizar conferencias del estilo y a celebrar una victoria tal como nunca antes había sucedido.

La gente pensaba que había estado en el campo de batalla, pero jamás lo había estado.

El Guerrero dijo:

– Se burlan de ellos debido a la vanidad de su carne y ellos interpretan eso como una persecución.

Me caí de rodillas exclamando:

– ¡Dios, me arrepiento! ¡Me arrepiento!

Los hombres que habían estado en el círculo arrojando sus semillas y alentando a aquellos que podían arrojarlas más lejos, ahora estaban de regreso en sus propios campos; daban informes entusiastas de grandes esfuerzos ministeriales bajo las circunstancias más difíciles. Ni siquiera se daban cuenta de que nunca habían entablado combate con el enemigo. Sin embargo, contaban historias de gran ministerio y de persecución por el bien del evangelio. Eran engañados y hasta burlados a causa de la vanidad de su carne.

LAS MURALLAS NUNCA DETUVIERON A LOS CREYENTES

Cualquiera que haya ministrado alguna vez en Rusia te contará que en más de un sentido, el ministerio en Rusia era mejor antes de que el Comunismo fuera vencido. Ahora que la muralla del Comunismo –la Cortina de Hierro– fue derribada, hay toda clase de locos yendo allí para ministrar. Hay toda clase de gente rara haciendo todo tipo de cosas raras y dando múltiples ideas raras, doctrinas extrañas y manifestaciones. Aquella muralla política nunca detuvo a los creyentes para ministrar en Rusia, tan solo detuvo a los falsos ministros y a los ministros profesionales.

Con las oportunidades que se abren también en China, hay muchos creyentes en este país –Rusia– y en China, que se preocupan por que el país no sea afectado por enseñanzas extrañas y falsas. Timothy Wong –no es su nombre verdadero– misionero apostólico proveniente de los Estados Unidos de América en China, asistió a una reunión de consulta china en China, en la que muchos apóstoles chinos pusieron en riesgo sus vidas con su asistencia a la misma.

Algunos de los pastores más grandes del mundo estaban allí, personas que habían cuidado más de miles de iglesias en la China Roja. Con lágrimas le rogaron a Timothy:

– ¡Por favor, si la muralla es derribada, no alienten a los estadounidenses o a otros ministros extranjeros a que vengan a China!

Estos líderes hicieron esta súplica porque sabían la clase de cosas locas que ocurrirían si misioneros extranjeros fuesen admitidos en China. Comprendían que una inundación de enseñanzas extranjeras, de doctrinas distorsionadas y manifestaciones, dañaría el crecimiento del Reino en su país. Tenían todo el derecho de estar preocupados.

Qué contraste significativo con otro evangelizador estadounidense que ya planeaba ir a China. Su plan era recaudar dinero par comprar de 100.000 a 200.000 Biblias. Con el diez por ciento del dinero hasta el momento recaudado, iba a buscar cincuenta iglesias para ayudar a organizarse a los estudiantes que luego entrarían en China con estas Biblias. Estos estudiantes, entonces, saldrían a vender las Biblias a los chinos. Él llamaba a eso ministerio.

Es extraño. Si él quería ministrar, ¿por qué no podía hacer lo que hizo Timothy Wong, simplemente conseguir una visa e ir a China? Timothy está allí sirviendo directamente y transmite lo que puede, y da su vida por el pueblo chino. En Wong se advierte una sabiduría tal que refleja el compromiso por el crecimiento del Reino. No existe ningún gobierno que pueda detener a los creyentes como Wong, no hay muralla capaz de detener a gente de este calibre. Los hombres y mujeres de Dios confrontarán la oscuridad en todos los rincones de la Tierra.

CAPÍTULO 6

HERIDAS PROVOCADAS POR GUERREROS IMPRUDENTES

DIRIGIRSE A LA CRUZ PARA ENCONTRAR SANIDAD Y PERDÓN

Hablando de los hombres que esparcían su semilla, el Señor me dijo: "Hijo mío, ellos no saben lo que hacen. Toma tu crítica, ponla al pie de la cruz y llora por estos hombres. Clama por estos hombres, ten compasión por estos hombres, ten piedad de estos hombres".

El Señor dejó bien en claro que no había que criticar a estos hombres. Debemos llorar, tener compasión y piedad, y poner nuestras críticas al pie de la cruz, aunque estos hombres frecuentemente critiquen cualquier decisión real de Dios. Los hombres del círculo generalmente son hombres poderosos con grandes ministerios e iglesias. Usualmente son porteros en sus ciudades y ejercen gran influencia sobre lo que es considerado como "de Dios", y lo que no lo es. A los ojos del mundo son exitosos, pero a los ojos de quienes realizan un discernimiento, son personas dignas de compasión por las que es necesario orar. Si no seguimos la directiva del Señor ni dejamos nuestras críticas al pie de la cruz, nos volveremos exactamente como ellos.

Las heridas más dolorosas que alguna vez recibamos vendrán de aquellos que pensábamos que eran hermanos fieles en la fe. Hay muchas personas del Cuerpo de Cristo que están ofendidas, dolidas y deprimidas porque el ministerio o la iglesia las defraudaron. A veces necesitamos ayuda para ocuparnos de nuestras heridas y, así, poder perdonar por completo a aquellos que nos puedan haber hecho algún mal. El no perdonar no es una opción para nosotros; si confesamos el pecado de nuestras vidas, Dios rápidamente nos perdona, y deberíamos perdonar a los otros.

El amor es otro requisito del cristiano, Dios lo exige. Debemos mostrar perdón y amor hacia nuestros hermanos y hermanas. El amor es algo que no podemos exigir solamente, debemos construirlo. El amor es el fundamento por el que trabajamos durante toda nuestra vida. Nunca podremos decir que "lo poseemos". Es la búsqueda más elevada y la mayor prueba que alguna vez podamos enfrentar en nuestro camino espiritual. Creo que el movimiento apostólico realmente va a pulir estas dos áreas, porque son áreas que lo requieren con urgencia. Cuando estamos en el "amor", estamos en Dios. Cuando amemos a nuestro hermano entonces podemos decir que amamos a nuestro Dios (ver 1 Juan 4:19-20). El mundo no va a reconocer a los cristianos por nuestros signos y maravillas, sino por el amor que manifestemos (ver Juan 13:34-35).

Miles de dólares fueron malversados de la iglesia del Pastor John Diana, de Greater Pittsburgh Word and Worship, por una persona que él creía que era leal. Los fondos de la jubilación entera del pastor Diana estaban incluidos en lo que robó este hombre y dejó los fondos del pastor completamente en blanco. El Pastor relata:

La cosa más importante que se robó fue el amor y la confianza; alguien a quien yo amaba y en el que confiaba, me clavó un puñal por la espalda. Mientras manejaba por la carretera, me puse a pensar y me enojé tanto que comencé a llorar. Fue entonces cuando el

Señor me habló y dijo: "Estás herido mucho más profundamente y peor de lo que crees, y necesitas ir a un lugar donde puedas encontrar alguna ayuda".

Me dirigí a la reunión de presbíteros de nuestros mayores y dije:

– Miren, muchachos, necesito que me ministren; estoy destrozado por esto que pasó.

Ellos vertieron el amor de Cristo en mí. Comenzó un proceso de sanidad, y puedo decir con honestidad que no tengo ningún rastro de enojo hacia este hermano. No tengo ningún vestigio de rencor. No deseo lo peor para él. No tengo pensamientos perversos. Lo que deseo real, honesta y verdaderamente, es ver en su vida redención y restauración.

Cuando una congregación presencia esta clase de perdón, es un incentivo para todos y puede llegar a llevar a toda la iglesia a un nuevo nivel de espiritualidad. No debemos tomar a la ligera la advertencia del Señor:

"Toma tu crítica, ponla al pie de la cruz y llora por estos hombres. Clama por estos hombres, ten compasión por estos hombres, ten piedad de estos hombres".

A veces, cuando vemos fallar a otros ministros, los consideramos competidores y estamos contentos de que hayan fallado. Esto no es de Dios. Cada fracaso en el Cuerpo de Cristo es un fracaso para todos nosotros, porque somos el Cuerpo de Cristo. Los hombres del círculo necesitaban ser sanados, del mismo modo en el que el pastor Diana lo había sido, y esta sanidad debe provenir del Cuerpo o no surte efecto. Solo el tierno ministerio del Espíritu Santo puede transformar la postura interior de estos hombres y llevarla hasta donde esta pueda llegar a mirar la exterior y ver el panorama más grande de Dios que hay para ellos.

MEZCLA PROFANA

El Señor continuó: "Esta es una advertencia para no mezclarse con razas estériles e improductivas, es una advertencia para no mezclar la semilla incorruptible con la semilla corruptible. Esta es una advertencia dirigida a todos los batallones de mi Reino".

En Romanos 7:24 Pablo dijo: *"¿Quién me librará de este cuerpo de muerte?"* Se refería a un castigo que se les daba a los soldados enemigos en antiguas batallas. Cuando un guerrero particularmente fuerte y valiente era tomado cautivo en el campo de batalla, se lo encadenaba a un muro con un cuerpo sin vida atado al suyo. No importaba cuánto le dieran de comer al cautivo, en cuestión de días, la muerte y la enfermedad comenzarían a entrar en su cuerpo sano.

El Señor me previno acerca de la mezcla con otras razas y de la mezcla de la semilla incorruptible con la corruptible. Quiere que tengamos cuidado con quién nos unimos en amistad y compañerismo. Hay muchos cristianos hoy que están unidos a un cuerpo sin vida, una relación espiritualmente muerta con alguien o con algo (ver 1 Corintios 15:33).

Escuchamos decir a muchos creyentes: "Creo que Dios me ha llamado para testimoniar en esta iglesia, o en esta denominación, o a este grupo". Sin embargo, al observarlos con el paso del tiempo, podemos ver que su unción se va disipando. La visión que una vez tuvieron ya no está allí, sino que está muriendo una muerte lenta, porque el cuerpo sin vida al que están unidos es más grande que ellos, y gana mayor influencia en ellos que la que ellos tienen en ese cuerpo. ¿Cuántos hermanos y hermanas conocemos que han muerto ministerialmente porque cargan pesos muertos? Ni siquiera están en la batalla. Simplemente están en el círculo o de regreso al campamento.

Como cristianos en una sociedad libre, podemos unirnos a cualquier compañía, iglesia o grupo de organización ministerial que elijamos. Pero deberíamos unirnos a algo que tenga visión y donde se respire la vida de Cristo, antes que encontrarnos con una carga de muerte espiritual adherida a nosotros. Deberíamos querer formar parte de algo que tenga vida para que, de esa forma, haya vida en nosotros.

Dios me mostró Levítico 19:19, y cuando lo leí, casi no pude comprenderlo, hasta que el Señor me abrió los ojos espirituales para entender el significado. Dice: *"No aparearás animales de diferente especie. No sembrarás tu campo con dos clases distintas de semillas. No usarás ropa tejida con hilos de dos clases"*. Dios trata de enseñarle a su gente a no unirse simplemente a cualquier persona, grupo, iglesia u organización.

"No aparearás animales de diferente especie"
En este versículo, la palabra "animales" también puede interpretarse como "ganado". Además, aquí se refiere a diferentes especies de ganado, una raza en especial o un toro en especial. No te dejes impregnar de razas inferiores. El significado –forma y sombra– del ganado en La Biblia, se refiere a la gente. El objetivo de esta Escritura es que seamos cuidadosos con quiénes nos relacionamos o unimos en nuestras relaciones y proyectos.

En 1 Corintios 9:9 dice: *"No pongas bozal al buey que trilla"*. Obviamente, esto se refiere a alguien que ministra el evangelio, el contexto lo hace evidente. Cuando se modera el fervor, la presentación del evangelio se modera. Levítico 19:19 nos previene esto, solamente unirnos –procrear– a los más fuertes, y así no debilitarnos por aquellos a los que estamos unidos.

Una de las principales razones por las que fracasan los ministerios, es por la falta de consejeros. Por el contrario, una de las principales razones por las que triunfan los ministerios, es la abundancia de consejeros (ver

Proverbios 11:14; 24:6). Sin embargo, tener muchos consejeros de diferentes denominaciones no es la solución, pero tener muchos consejeros de la misma denominación con diferentes dones, definitivamente es la solución. Cuando hay hombres de varias denominaciones que nos hablan en nuestras vidas, se da lugar a la confusión, al doble sentido y a una disipación de la unción. Pero cuando hombres de una misma fe y visión se juntan, se produce un aumento de la unción y ministerio.

"No sembrarás tu campo con dos clases distinta de semilla".
Nunca deberíamos sembrar dos o más clases de semillas en un campo. Es lógico que no quisieras sembrar juntos tomates y algodón. El proceso completo de sembrar, nutrir y cosechar, se vería confundido. En cambio, si plantaras un campo con algodón y otro con tomates, podría calcularse una cosecha más rápida para estos campos distintos. Si te encuentras en un clima no propicio para producir algodón, no usarías esa semilla. Lo mismo ocurre en el reino espiritual. Pablo le dijo a Timoteo que escogiera un tipo específico de hombres para ser diáconos y otro específico para ser obispos –mayores–. No dijo: "Sal y consigue sencillamente un grupo de voluntarios". Pablo sabía la importancia de sembrar con una cierta clase de semilla; es por eso que dijo –haciendo referencia a la ordenación– en 1 Timoteo 5:22: *"No impongas a nadie las manos a la ligera".* El evangelio se propaga y poliniza a través de lo que siembra.

"No usarás ropa tejida con hilos de dos clases".
La ropa tejida de lino y lana se desgarraría en un clima lluvioso. En el reino espiritual ocurriría lo mismo si fueses a recibir de grupos de programas rivales. Alguna gente piensa que, cuanto más, es mejor. Dicen: "Recibo esto de aquel grupo, aquello de este y algo de ambos".

Lo que sucede luego es que en los momentos cruciales no saben de quién recibir, y toda la situación se viene abajo. Hay contracción cuando debería haber expansión, y expansión cuando debería haber contracción. Necesitamos un apoyo espiritual que sea estable. Únicamente podemos tener estabilidad si recibimos de un mismo lugar y nos sometemos a un mismo lugar.

En mi visión el Señor dijo que esto era "una advertencia". No mezclarse con otras razas o no mezclar la semilla incorruptible con la corruptible. Tengo amigos que crían ganado y jamás usarían toros inferiores para la reproducción. Siempre piensan en función de mejorar su manada, que se vería debilitada por la reproducción con una raza inferior. Lo mismo ocurre con el granjero: nunca usaría una semilla de calidad inferior –semilla corruptible– porque produciría un cultivo inferior.

El Señor en la visión pidió que "lloremos por estos hombres, que tengamos piedad por estos hombres", porque se mezclaban con otras razas y mezclaban la semilla incorruptible. No tenemos que criticar a los hombres que estaban en el círculo arrojando la semilla, pero sí compadecernos de ellos. El Señor también dijo: *"No saben lo que hacen"*. Todos nosotros debemos depositar nuestra crítica al pie de la cruz. Cada corazón cristiano debería romperse al ver al Ejército de Dios en tal confusión y error increíbles. Necesitamos llorar, ayunar y orar por el Ejército de Dios.

Hay veces que vemos cómo ocurren estas cosas y no hay nada que podamos hacer. Podemos orar, ayunar tener piedad y compasión y, sin embargo, la confusión y el error continúan.

SIMPLEMENTE CONSTRUIR CASAS

Le dije al Señor:

– Al menos esos ministros hicieron un esfuerzo. Cuando sonó la trompeta, subieron la colina.

El Guerrero me reprendió diciendo:

– ¿Estás pensando en el pequeño grupo que se encontraba en la distancia?

– Sí, cuando hiciste sonar la trompeta, ese pequeño grupo nunca se movió.

El Guerrero preguntó:

– ¿Te gustaría ver qué hacían?

– Con mucho gusto –respondí– porque me gustaría predicar en contra de esa clase de conducta.

De esta forma, el Señor me llevó donde el pequeño grupo estaba esperando.

El Guerrero exclamó:

– ¡Observa!

Hizo sonar la trompeta y el pequeño grupo nunca se movió. De repente, sus miembros se dieron vuelta y retrocedieron.

Exclamé:

– ¡No puedo creerlo, están emprendiendo la retirada el mismo día de la batalla!

De hecho, el grupo había empezado a construir casas. Al menos los otros grupos habían hecho un esfuerzo por ir a la guerra, este grupo se contentaba con tan solo construir casas.

En mi apuro por juzgarlos, me indigné porque el grupo pequeño no se esforzaba por ir a la batalla; de hecho, parecía como si estuviesen replegándose. Pero Dios siempre ha tenido su pequeño grupo, reservado para el momento de la verdadera confrontación decisiva, un pequeño grupo que parecía estar completamente errado, fuera de la corriente principal, que era raro. Ese remanente siempre es el grupo con el que Dios trata y al que utiliza.

El día de Pentecostés estaban presentes ciento veinte discípulos. ¿Dónde estaban todos aquellos que Jesús había sanado? ¿Dónde estaban los miles a los que les había dado de comer? ¿Dónde estaban los paralíticos curados? ¿Dónde estaban aquellos a los que había liberado de los demonios? ¿Dónde estaba la muchedumbre que lo seguía mientras Él se trasladaba de lugar en lugar? Solo quedó un remanente, un pequeño y débil grupo de marginados, insignificante y raro. Parece increíble que de los miles que Jesús había ministrado en total durante su vida, hubiera únicamente ciento veinte el día de Pentecostés.

El pastor Scott Loughrige, de Crossroads Church and Ministries (Iglesia y Ministerios de las Encrucijadas) de Marshall, Michigan, enseña un concepto denominado masa crítica, que es una especie de remanente en los encuentros locales de la iglesia. Scott afirma que hay un "grupo de gente" en todos los encuentros de una iglesia a la que llevan adelante. Si vamos a la iglesia un domingo por la mañana y las tres primeras canciones son de preparación antes del servicio, ¿sabes a quién responsabilizaría por eso? ¡A la masa crítica!

La masa crítica puede conducir un evento porque está preparada para la adoración, la evangelización y la enseñanza. En un lugar de trescientas personas, los que la integran –a la masa crítica– son los 20 ó 30 dispuestos a exaltar al Señor. No esperes que el muchacho que recién fue rescatado la semana pasada conduzca el encuentro, porque si lo hace, sería terrible. La masa crítica tiene la madurez como

NO HAY ESCASEZ DE GENTE QUE QUIERA CONSTRUIR EL REINO DE DIOS, PERO SÍ HAY UNA ESCASEZ DEL INGREDIENTE NECESARIO QUE LES PERMITA CONSTRUIR EFICAZMENTE. EL INGREDIENTE NECESARIO ES LA SABIDURÍA.

para estar atenta y preparada en cualquier circunstancia para adelantar el Reino, y la gente cuenta con su liderazgo.

EL PEQUEÑO REMANENTE DE SABIOS CONSTRUCTORES

Hasta este punto, en mi visión todo era negativo. Comenzaba a pensar que no había remedio, pero eso es una tontería. Dios siempre tiene una solución, porque Él siempre tiene un remanente.

El pequeño grupo era importante porque construía conforme al modelo bíblico, a pesar de que en ese momento no me daba cuenta. En el cristianismo no hay escasez de mano de obra. Cada nación, estado, ciudad, pueblo, pueblito, denominación y grupo de iglesia cuenta con gente que quiere construir algo. Podrán querer construir edificaciones para la adoración, recreación o estudios. O tal vez tengan el deseo de construir algo en la gente. No hay escasez de gente que quiera construir, pero sí hay una escasez del ingrediente necesario que les permita construir eficazmente. El ingrediente necesario es la *sabiduría*.

En Proverbios 9:1 dice: *"La sabiduría construyó su casa"*. Es obvio y evidente que los cristianos han construido muchas estructuras que no resistirán el paso del tiempo. Vienen las lluvias y tormentas –pruebas y avatares– y la estructura no resiste. Cuando en La Biblia se habla de construir, se refiere a la construcción de nuestras vidas espirituales, no de un edificio de piedra en una esquina de la ciudad.

El pequeño grupo de mi visión, comenzaba a construir casas –espirituales–. Mel Davis dice esto con respecto a construir la casa de Dios:

Cada casa es construida por algún hombre; un hombre sabio construye su casa, su vida, su ministerio, sobre la Roca. Cuando llegan las lluvias –las bendiciones de Dios–, les llegan a los que son sabios y a los que son tontos. A veces el sabio y el tonto reciben juntos las bendiciones de Dios. A veces somos juzgados por nuestra prosperidad y bendición, y a menos que tengamos integridad de carácter y la sabiduría de Dios, las bendiciones pueden destruirnos. Agradezco a Dios por el correr del viento y el mover del Espíritu Santo, y por la bendición del Señor en nuestras iglesias, pero a menos que haya sabiduría y entendimiento para con todo esto, solo produciría manifestaciones extrañas y confusión.

En Proverbios 24:3 dice: *"Gracias a la sabiduría se construye una casa"*. No hay un reemplazo para la sabiduría en la construcción de la casa de Dios. Los ministerios fundadores para la construcción (ver Efesios 2:20), son el apóstol y el profeta. El profeta puede poner en palabras lo que Dios piensa, pero es tarea del apóstol interpretar e implementar el proceso de construcción. Durante muchos años hemos oído que Dios iba a levantar apóstoles, pero los apóstoles siempre han estado aquí. Lo que ha estado haciendo falta, en muchos casos, es la sabiduría del apóstol.

De acuerdo con Efesios 4:11, el ministerio quíntuple comprende apóstoles, profetas, evangelizadores, pastores y maestros. Creo que hay tantos apóstoles como pastores, maestros, evangelizadores y profetas haya. Hay líderes apostólicos que obran como pastores, evangelizadores, profetas y maestros, y profetas que hacen lo mismo. De hecho, la mayoría de los líderes que hoy pastorean no son estrictamente pastores, sino hombres cuyo don principal es otra cosa.

Cada iglesia, obviamente, necesita un pastor, pero también está la necesidad de otros ministerios de igual modo. Cada iglesia necesita el don profético –escuchar la voz del Señor– y al maestro, al evangelizador y al apóstol. Lo ideal se da cuando estos dones actúan juntos, unos con otros. Vemos cómo sucede esto en las iglesias maduras, pero las congregaciones menos maduras luchan con esto porque puede ser que tengan pastores y líderes demasiado inseguros como para querer ver otros dones en funcionamiento. Un ideal que establezca que todo el ministerio deba fluir a través de una persona, entorpece la construcción del Reino.

Hay una gran diferencia entre ser apostólico y ser apóstol, son dos cosas distintas. Hay individuos que obran bajo un rol apostólico e incluso conocen todas las enseñanzas que le competen al apóstol, pero no tienen la unción del apóstol. Una persona puede ser un maestro apostólico que enseñe acerca de la Iglesia, o un profeta apostólico que ve la necesidad del gobierno de Dios en la Iglesia. Estos líderes son apostólicos en cuanto al ministerio, no apóstoles por naturaleza, porque carecen de la unción para construir. Hay dos razones por las que algunos evangelizadores son apostólicos:

1. Ven cuál es la necesidad para proveer a la iglesia local.

2. Hacen cruzadas para plantar iglesias.

Cuando comencé mi ministerio era puramente un evangelizador, luego empecé a trasladarme al ministerio profético. Entonces el Señor me desafió a construir una iglesia y desde ahí fui al apostólico. Considero que mi función en el rol apostólico fue por un mínimo de diez años antes de que pudiera decir que era apóstol. No era mi objetivo obrar como profeta, tan solo sucedió. Únicamente los hijos pueden ascender a un padre, y como yo cumplía esa función en el ministerio, este es el título que me dieron. Nunca busquemos ponerle títulos a la gente; la gente cumple la función que el Señor le asigna y, eventualmente, alguien le dará un título. El ministerio fundador del apóstol es el servicio (ver Efesios 2:20). Pablo, en 1 Corintios 4:9, dice: *"Porque me parece que a nosotros, los apóstoles, Dios nos ha colocado en el último lugar"*. El apóstol es un ministerio fundador que se ubica debajo de todo, y es el apóstol el que se encuentra al final de la procesión.

¿Qué nos dice esto acerca del ministerio apostólico? ¡Que somos servidores! Esto es lo que el Señor me llamó a hacer cuando me dijo: "Ve a lavar los pies de los hombres jóvenes que serán los patriarcas del movimiento de mi Espíritu en el tiempo final". Y debido a que Dios fue conmigo tan amable de detallarme cuál es mi llamado, no tengo ninguna confusión sobre lo que tengo que hacer. El pastor David Cannistraci de Evangel Church (Iglesia Evangélica) de San José, California, tiene lo siguiente para acotar con respecto al apóstol:

Los apóstoles son constructores. La tarea primaria de los apóstoles, de la gente apostólica, de las iglesias y grupos apostólicos, es la de construir algo para Dios. Los apóstoles toman un campo que es estéril cubierto de rocas y basura, y limpian el terreno. Sacan las rocas y aran la tierra, y enseguida, donde no había nada, algo se planta, lo que a su debido tiempo, cosecharemos, si no nos desalentamos. El apóstol comienza con nada, entonces siembra y pronto aparece el fruto. Un apóstol toma una porción de tierra donde no hay ninguna edificación y la examina, la observa por encima, la clasifica, establece la base y es luego una súper estructura que se levanta, de tal manera que en donde nada había, ahora haya algo. Esta es la función del apóstol: construir y sembrar para Dios. Construir algo de la nada es la marca del verdadero apostolado.

Veo al apóstol como el entrenador o el mariscal de campo de un equipo de fútbol americano. En realidad el apóstol es en parte entrenador y en parte mariscal de campo. Algunas veces el apóstol tiene que dirigir las jugadas e instruir a los jugadores desde la barrera, sin intervención; otras veces está en la batalla recibiendo los golpes él mismo y haciendo avanzar a su equipo contra el enemigo. Me gusta lo que, en el diario USA Today, expresó Jack Kemps –ex mariscal de campo del NFL; ex congresista, ex secretario del HUD y ex candidato a la vicepresidencia del GOP– acerca de lo que significa ser un mariscal de campo:

Todo lo que hace un mariscal de campo implica tomar las decisiones del costo de las prestaciones, el porcentaje de las retribuciones por riesgo y el análisis marginal. Todas las decisiones son cuantificadas y mensurables. Tienes veinte segundos para determinar la jugada, tres segundos para sacar la pelota. La jugada resulta o fracasa, el equipo avanza o se detiene, y los fanáticos están contigo, ganen o empaten.

Nunca tuve la buen la suerte de ser mariscal de campo –siempre ponen a los "grandotes fieros" en la fila– pero lo que Jack decía sonaba muy similar a la forma en la que a veces siento en el apostolado. El apóstol, utilizando la sabiduría, debe realizar adelantos mensurables para el reino de Dios. Puede que no sea mensurable para nosotros, pero Dios va sumando los tantos.

Usando la misma analogía del fútbol americano, también hay atajadores, defensores, defensores traseros, centrales, corredores, aguateros, entrenadores, doctores, etc, que son apostólicos. Pienso que un verdadero grupo apostólico tiene una pluralidad de apóstoles con varias funciones.

En un equipo de fútbol americano hay varias posiciones que tienen que ver con el tamaño, la fuerza y la velocidad. Lo mismo ocurre con los apostólicos: existen varios tamaños, velocidades y fuerzas. Lo que Dios intenta hacer es reunirnos contra el reino de la oscuridad. En el Espíritu, el apóstol podrá ver a dónde pertenece una persona y qué espíritu maligno se le pondrá en contra a esa persona.

Hoy existen varias clases de apóstoles en la Iglesia, que únicamente pueden actuar en ciertas situaciones. Por ejemplo, a algunos apóstoles misioneros no les recomendaría ir a ciertas iglesias, porque allí no tendrían éxito. Hay profetas que son apostólicos y apóstoles que son proféticos. Hay apóstoles que tienen un ministerio apostólico como jefe, porque piensan gubernamental y estratégicamente en pos de la construcción de la iglesia local y la construcción de ministerios, y en pos de ubicar a todos en el lugar adecuado –con motivo de la guerra–.

Un gran problema en el ministerio son aquellos ministros que se ubican a sí mismos en una posición que los conduce al fracaso, porque se consideran más elevados de lo que en realidad son. Puede ser que se imaginen a sí mismos pastoreando una gran iglesia en una gran ciudad; en consecuencia, van a un área geográfica de grandes iglesias y se marchan de la iglesia más pequeña de su pueblito. Hay pastores en la ciudad que deberían pastorear en el campo. Algunos ministros viajeros necesitan ser honestos consigo mismos y comprender que tienen un ministerio en una iglesia pequeña, mientras que otros podrán tener un ministerio en una grande.

No tiene nada de malo, ni es menos importante, tener un ministerio en una iglesia pequeña, es necesario. Si no nos damos cuenta de la colocación que Dios le dio a nuestro ministerio, experimentaremos frustración y desilusión.

También he visto pastores que ponen a otros en una posición que los conduce al fracaso. El pastor, cuyo motor funcionaba a ciento cincuenta kilómetros por hora, convencía a alguien que trabajaba con él para que adoptara la misma velocidad. En realidad, la velocidad de esa persona era de cien kilómetros por hora. Moverse a una velocidad para la cual no fue diseñada por Dios, conduce a una persona al fracaso.

EN LA POSICIÓN APOSTÓLICA CORRECTA

Existen hoy en la Iglesia muchos hombres apostólicos –no necesariamente apóstoles– que sirven como pastores, profetas, evangelizadores y maestros. En un grupo apostólico encontrarás a estos líderes apostólicos: una proliferación de hombres que cumplen muchas funciones.

James Jorgensen fue levantado en una iglesia de Brooklyn, Nueva York, pero no fue enviado a hacer guerra allí. Fue enviado a la República Dominicana para hacer la guerra como profeta con un entendimiento apostólico. En la República Dominicana ministró al lado de apóstoles nacionales con un ministerio con rol de jefes; cuando el hermano apostólico profético se une al hermano apostólico en jefe, se produce un gran éxito en el ministerio.

Joe Mattera, de Resurrection Church (Iglesia de la Resurrección), que también es de Brooklyn, tiene un fuerte ministerio profético. Posee un entendimiento apostólico dinámico y una unción apostólica emergente. Cuando va a la República Dominicana, aporta otro nivel de ayuda. Cuando se marcha, llega el apóstol Gary González –cuyos dones han madurado de evangélicos a profético evangélicos, con una unción apostólica–. Todos estos hombres trabajan codo a codo en el campo de cosecha, utilizan los dones que el Señor les ha dado para construir el reino de Dios.

Hay maestros apostólicos que pueden entrenar líderes y darles una teología y un programa detallado de acciones a apóstoles de todo el mundo. Uno de esos hombres es Floyd Baker, un evangélico apostólico a quien llamo "multi Baker", ya que puede cumplir cualquier función del servicio apostólico. Inclusive, hay personas que no son apóstoles por nombramiento, pero que lo son por su trabajo apostólico, cuya función es la de plantar iglesias.

Dios quiere hacer congeniar a la gente indicada con las posiciones indicadas.

LOS APÓSTOLES PRIMERO TIENEN QUE DESARROLLARSE

La "New Apostolic Reformation" (Nueva Reforma Apostólica) es un término utilizado por primera vez por C. Peter Wagner. Peter es misiólogo experto, autor y profesor (Fuller Theological Seminary, Seminario Teológico Abatanador) en el desarrollo de la iglesia, muy reconocido en toda la comunidad evangélica. Ha pasado por una transformación que lo llevó desde un campo evangélico muy estricto, a convertirse en un hombre lleno del Espíritu que cree en milagros, en la sanidad, en la guerra espiritual, etc. Llegó a su conclusión actual a través de una observación y estudio académico que realizó él mismo en la que expresa que, hasta que no haya una restauración de los apóstoles, la Iglesia nunca responderá a su verdadero llamado.

Los apóstoles, para llegar a convertirse en apóstoles, primero tienen que desarrollarse. Muy similar a lo que ocurre con los pastores, maestros o profetas, los apóstoles primero deben pasar por un gran aprendizaje y desarrollo. De todos modos, el proceso es mucho más intenso para los apóstoles, ya que deben renunciar a todas las ambiciones personales y comprometerse con el éxito de otros.

En Zacarías 3:1-2, Josué, el gran sacerdote está de pie ante el ángel del Señor y Satanás. Josué era un profeta de la restauración.

Nehemías y los otros profetas se encuentran allí para ungirlo como el gran sacerdote de la nueva ciudad de Jerusalén. Satanás está allí para acusar a Josué. El Señor se dirige a Satanás: *"¿No parece este como un tizón sacado del fuego?"*

¡Lo peor que puede ocurrirle a cualquier ministro es tener éxito de la noche a la mañana! Todo hombre y mujer de Dios debe pasar por un desierto para prepararse verdaderamente para su ministerio. Fue en el desierto que Jesús fue tentado y puesto a prueba (ver Mateo 4:1-11), y fue en el desierto que Pablo trabó combate con su destino, unción y llamado (ver 2 Corintios 11:23-29). Aquellos que han pasado por el desierto están hartos por demás de vagar sin rumbo. Cruzarían el Jordán a toda costa. No importa los gigantes que se encuentren en tierra firme; no importa lo que Satanás diga o haga. El ministro puesto bajo la prueba de fuego, tomará su destino porque fue puesto a prueba en el desierto, y el fuego lo hizo avanzar con firmeza para los propósitos de Dios.

Cuando era niño, toda mi familia era obrera de hierro estructural. Padre, tíos, primos, abuelos. A los 16 años de edad, fui a trabajar de obrero para una fábrica de acero. Nunca olvidaré mi primer día de trabajo, fue aterrador. No sabía cómo caminar sobre el acero, tan solo pensar en ello me infundía temor. Un indio mohawk, Clyde Cree, que trabajaba para la fábrica de acero conmigo, me dio un consejo que jamás olvidé. Dijo: "Para poder caminar en el cielo, primero tienes que saber caminar en la Tierra". Cuando caminas sobre el acero, muy por encima del tránsito o el río que pasa debajo, tienes que mirar por dónde caminas, no en dirección a tus pies ni hacia abajo. Tienes que mantener tus ojos centrados en tu objetivo y nunca vacilar. Si miras tus pies –a ti mismo– o hacia abajo, te caerás.

En el ministerio, el principio que se aplica es el mismo: camina hacia el objetivo, el trono de Dios, y levanta la Iglesia para que se dirija a su destino de manifiesto, así Jesús puede gobernar y reinar en la Tierra.

DIOS NO SE FIJA EN LA CARNE

Gary Kivelowitz es un caso común de cómo el Señor puede usar y hacer desarrollar a un hombre hasta llegar a convertirlo en apóstol. Cuando lo conocí a Gary, él era tan tímido que si estábamos en un grupo de gente, no le hablaba a nadie. Para intentar sacar a Gary de ese estado, lo empujaba para que fuera a hablar con alguien. Y él me preguntaba:

– ¿Qué le digo?

Y yo contestaba:

– Preséntate.

Él iba y se presentaba y regresaba a mi lado y me preguntaba:

– Y ahora ¿qué digo?

Hoy Gary es un apóstol multipropósito articulado, utilizado por Dios para fortalecer creyentes. Trabaja con grupos de hombres y enseña a otros líderes apostólicos cómo trabajar con hombres. El desarrollo de Gary es un ejemplo maravilloso de lo que Dios puede hacer si nosotros se lo permitimos. No hay nada de místico en su desarrollo o en su ministerio. Desarrolló en forma muy normal y ahora es usado por Dios con poder para transmitir a otros.

IDEALES SALUDABLES Y ENFERMOS

Muchos creyentes tienden a pensar que los apóstoles son místicos arrulladores de otro mundo, e inclusive la gente, en mayor medida, percibe al Cuerpo de Cristo como una institución etérea. Pero no tiene nada de cósmico, de bizarro o de grandioso ser apóstol o ser parte del Cuerpo de Cristo.

De hecho, con frecuencia considero que el apóstol es como un consejero glorificado. No es un cargo glamoroso, pero es el ministerio que debe prestar servicio a todos los demás. El ministerio de un apóstol tiene los pies bien puestos sobre la Tierra, es sensato, práctico y está diseñado para sembrar y plantar, construir y enviar a las personas a los lugares que pertenecen, los ministerios a los que Dios las llama. El ministerio del apóstol en cierta medida puede funcionar dentro de la operación de otros dones ministeriales: pastor, maestro, evangelizador y profeta. El apóstol es un constructor práctico.

Imagino al Cuerpo de Cristo como una red que puede verse y tocarse; los cristianos formamos esta red y el propósito es el de pescar hombres y traerlos al Reino (ver Mateo 13:47). Sin embargo, la mayoría de los grupos –redes– apostólicos operan místicamente, el líder no es práctico ni razonable, sino más bien un intocable instrumento "elegido de Dios" que nunca se equivoca. Bajo tal dominación un ministerio se transforma en un vehículo personal de control. Dichos "apóstoles" esconden programas de acción irreverentes mientras ejercen su influencia en la gente. Les gusta tener el control y el monopolio de la revelación de Dios, y mantienen a todos los demás –a excepción de una minoría selecta– en la oscuridad.

En mi opinión hay tres clases de ideales enfermos que se encuentran hoy en algunos apóstoles:

1. EL CORAZÓN HERIDO

Este líder apostólico es una persona que ha sido herida. Puede ser que estas heridas sean legítimas y que hayan ocurrido bajo algún tipo de previo abuso espiritual por parte de uno o más líderes. Profundas inseguridades llevan a esta persona a resistirse al compromiso con otros.

2. LA NATURALEZA CONTROLADORA

Esta persona puede ser mezquina y llevar a un ministerio a una parálisis analítica. Todo tiene que ser redefinido y una excesiva cantidad de énfasis es depositada en cuestiones menores, pequeñas variaciones en las palabras, ínfimos cambios de apariencia y estilo. El ministerio se degenera en quisquillosos, ya que el líder siempre trata de definir quiénes y qué son ellos.

3. LA MENTE IGNORANTE

Este líder simplemente no entiende el gobierno de Dios, no importa cuánto se esfuerce por comprender el modelo de Dios para la organización de la Iglesia. Generalmente su disfunción personal en las relaciones o en su matrimonio dificulta que actúe con sabiduría. Puede ser que tenga un problema con la imagen masculina de mando, porque no puede resolver a quién le corresponde el rol de mando en la casa, y eso lo traslada a la iglesia.

Desafortunadamente, debido a estas formas pobres de liderazgo, muchos grupos apostólicos –ministerios de la iglesia que operan dentro de la iglesia y que coordinan obras con otras iglesias que aceptan el ministerio del apóstol, el profeta, el evangelizador, el pastor y el maestro– se convierten en ámbitos que dañan emocional y espiritualmente a los creyentes que se asocian a ellos.

LA ADECUADA AUTORIDAD APOSTÓLICA

Hay algunos ministros apostólicos que creen que su autoridad llega totalmente a la iglesia local. Pero el grupo apostólico nunca debería traspasar el velo de la iglesia local, los asuntos locales cotidianos, a menos que el pastor esté exhibiendo un comportamiento inmoral o enseñando herejías. Llegado a esas instancias, el grupo apostólico debería dar un paso al frente y traer sanidad al asunto.

Este tipo de autoridad gubernamental es una reproducción de la Iglesia Romana Católica con el Papa a la cabeza, con autoridad sobre cada pastor, cada miembro de la iglesia y cada iglesia.

La mayoría de los ministerios apostólicos quieren tener autoridad en la iglesia local, pero considero que la iglesia local debería ser autogobernada. La autoridad de un ministerio apostólico no debería ir más allá del pastor; el pastor es la autoridad en la iglesia local. ¿Por qué querríamos una autoridad más allá de esa? ¿Existe un deseo de controlar? Cuanto mayor sea el control que tenemos, más pequeño será lo que construyamos, y también menos eficaz. Nuestro intelecto es limitado así como también lo es nuestra capacidad de manejar ciertos asuntos, pero si construimos mediante el relacionarnos y ejerciendo influencia, podemos alcanzar mucho más en la construcción del Reino.

EL ROL DEL APÓSTOL

Comprendo mi rol de apóstol. Me alzo y lleno el vacío que hay entre las misiones que se extienden más allá de sus posibilidades y las iglesias, para que juntas puedan construir. También me alzo entre las iglesias individuales y las reúno. Una iglesia de cien, doscientas o trescientas personas es limitada en cuanto se trata de ganar una ciudad o una región, pero cuando se unen a otras mediante una alianza, son mucho más fuertes. Otro rol es el de proveer pastores apostólicos para los pastores, y gente apostólica que plante iglesias para que haya un desarrollo del liderazgo, planes y estrategias para la construcción del reino de Dios que vayan más lejos que mi propia generación. El rol de un apóstol siempre nos obliga a hacer un autoexamen. Creo que el corazón tiene mucha más importancia que la mente, ya que la cuestión de mayor importancia es ¿cuál es nuestra motivación? ¿Necesitamos atención o control? ¿Tenemos la necesidad de decir que hay hombres e iglesias bajo nuestro cargo?

No tengo iglesias ni misiones "bajo" mi cargo, y estoy muy contento porque sé que ninguna iglesia o misión me "pertenece" a mí. Si tuviera el control sobre un grupo de iglesias y misiones, mi lapso de vida se acortaría. Mi rol es ayudar a otra gente a poner en libertad lo que Dios les ha dado, y enseñar y capacitar a otros individual y corporalmente para construir el reino de Dios. Esto no es algo fácil de hacer.

Muchos creyentes luchan por ser hijos espirituales. Está en nuestra naturaleza revelarnos contra un padre, casi todos pasamos por eso. El hijo pasa por un período de dependencia, pero cuando

SI TOMAMOS DEMASIADO FUERTE A NUESTROS HIJOS ESPIRITUALES, NOS ARRIESGAMOS A APLASTAR LA OPORTUNIDAD PARA QUE SU FE SEA PERSONALIZADA, PARA QUE SEA SU FE.

se convierte en adolescente, quiere estar totalmente independizado del cuidado de los padres.

Durante ese tiempo un padre espiritual puede ser que sea rechazado, pero el padre debe ser lo suficientemente sensato como para luchar contra la tentación de aferrarlo demasiado fuerte. Cada hijo espiritual que tenemos se apoya en una decisión similar a cómo cada uno de nosotros decide convertirse en un hijo de Dios. Tomamos la decisión de ser parte de la familia de Dios, pero podemos revelarnos en cualquier momento, y lo más asombroso es que Dios lo permite. Eventualmente, un hijo espiritual llegará a la madurez, y cuando eso sucede, tomará la decisión de ser interdependiente con el padre espiritual.

Sí, creo en una estructura sólida para las operaciones de la Iglesia, y en la responsabilidad y en el compromiso de unos con otros, pero también creo en dar libertad a nuestra descendencia en cierta medida. La razón es simple: el tiempo en que se desperezan, cuando prueban las aguas con nosotros, es el tiempo en el que se efectúa la transición de la niñez a la madurez. Esas deben ser sus decisiones, no la imposición de nuestra voluntad en ellos. Si nos aferramos a nuestros hijos espirituales demasiado fuerte, nos arriesgamos a destruir la oportunidad de que su fe se personalice, de que su fe sea la *suya*.

Hubo un par de veces en mi ministerio apostólico en los que los hombres dirían que le estaba dando demasiada libertad a determinado hijo; mi respuesta a eso es: "No, solo estaba cerciorándome de lo que realmente había ahí". No conoces lo que hay en el corazón de un hijo en tanto y cuanto le des órdenes. Cuando dejas de darle órdenes, descubres lo que realmente hay dentro de su corazón, porque ese hijo debe actuar independientemente en algunas cosas y las decisiones reflejan el carácter con el que el padre lo ha nutrido.

De esto se trata: la diferencia entre el ejército de Dios y el del hombre es que el ejército del hombre se mantiene unido por el miedo y por el castigo, mientras que el ejército de Dios se mantiene unido por el amor y la alianza.

¿QUÉ ENSEÑAMOS Y CÓMO LO PONEMOS EN PRÁCTICA?

Hace varios años hablaba en una iglesia conformada por una cantidad de doscientos a doscientos cincuenta miembros aproximadamente, y catorce superiores. Estos superiores habían enseñado en el ministerio quíntuple (ver Efesios 4:1) de los apóstoles, profetas, evangelizadores, pastores y maestros durante alrededor de quince años. Esta iglesia estaba cerca de una de las universidades más importantes, y la mayoría de los superiores eran profesores universitarios. Durante un encuentro con los superiores tuvimos una sesión de preguntas y respuestas en la que ellos me cuestionaban a mí sobre la validez de un grupo apostólico. Parecía que estaban de acuerdo con todo lo que yo tenía para decir y asentían en todo. Sin embargo, presentí que, al igual que otras iglesias, hablaban de la boca para afuera sobre ciertas cosas, pero que esas cosas no eran puestas en práctica.

Cuando hicimos una pausa para almorzar, le pedí al pastor más joven que me trajera una pizarra para cuando reanudáramos nuestro encuentro después del almuerzo. Cuando estábamos a punto de reanudar el encuentro, entró el joven pastor trayendo la pizarra.

Dije a los superiores:

– A lo largo de este encuentro por la tarde, me gustaría hacerles algunas preguntas. ¿Por qué es que después de quince años de instruir sobre el ministerio quíntuple, la pluralidad de los superiores y llevar al Cuerpo de Cristo a la madurez, ustedes no ponen en práctica estas cosas?

Uno de los superiores respondió diciendo:

– ¡Lo hacemos! Aquí estamos. Nosotros somos la prueba de ello.

– No, ustedes no prueban nada y, además, ustedes no son una iglesia apostólica –respondí.

Entonces me dirigí hacia la pizarra que el joven pastor había traído y escribí cinco palabras: "visión", "gobierno", "doctrina", "responsabilidad" y "participación".

Luego agregué:

– Caballeros, esto es lo que propongo. Le daré cinco mil dólares a esta iglesia si primero pueden mostrarme que las misiones y los misioneros que ustedes apoyan tienen la misma visión del Reino y la ubican en primer lugar hasta llegar a gobernar y reinar sobre las naciones, los poderes y los principados –una iglesia victoriosa en guerra–. Segundo, muéstrenme que las misiones o los misioneros que apoya esta iglesia creen en la definición de gobierno de Dios y lo ponen en práctica. Tercero, muéstrenme cualquier misión o misionero que crea doctrinalmente como ustedes lo hacen. No me refiero a la salvación o al bautismo con agua, cosas obvias, sino que me refiero a la doctrina del reino de Dios y la doctrina de la Iglesia. Cuarto, muéstrenme una misión o un misionero con verdadero sentido de la responsabilidad, uno que les entregue un informe sobre la responsabilidad financiera o correlativa. No tiene que ser de la responsabilidad gubernamental. Y quinto, ¿podrían recomendarle a algún santo de su iglesia a que se comprometiera con esta misión o misionero?

Justo como lo esperaba, los superiores parecían confundidos. Fueron hacia donde estaba su mapa de misiones y luego de dos horas y media de debates y discusiones dijeron:

– Bueno, este camarada cree exactamente lo mismo que nosotros.

Dije:

– Sí, pero ¿ponen en práctica lo que dicen que creen?

– ¡Oh! –respondieron.

Entonces agregué:

– Les diré una cosa: tan solo denme el nombre de una misión o misionero que ponga en práctica la visión y el gobierno como lo hacen ustedes, y pueden elegir cualquiera de los otros tres discernimientos y, aún así, todavía les daré los cinco mil dólares.

Esta vez solo les llevó una hora y media de discusiones y debates, pero continuaban llegando a la misma conclusión de que no conocían misión o misionero que tuviera las mismas creencias que ellos y que las pusiera en práctica.

Este escenario existe hoy en muchas iglesias. Las iglesias locales tienden a decir: "Esto es en lo que creemos", pero obran de una forma completamente distinta.

RESTAURAR TODAS LAS COSAS

Hechos 3:21 nos dice: *"Pues el cielo debe guardarlo hasta que llegue el tiempo de la restauración del universo, según habló Dios en los tiempos pasados por boca de los santos profetas"*. Después del siglo I, la Iglesia sufrió una constante decadencia de poder y autoridad hasta el siglo XV, cuando Dios comenzó a restaurarla. Hoy la Iglesia pasa por el mayor período de restauración que jamás haya vivido. Hay más santos en la Tierra hoy que todos los santos juntos a lo largo de la historia. Las renovaciones se suceden por toda la Tierra –América Latina, América del Sur, Corea, China, etc.–, y miles de personas son rescatadas todos los días.

A menos que se encuentre con iglesias que tengan la misma mentalidad, será imposible que una iglesia adopte la reforma apostólica. El nuevo orden apostólico va a generar el coraje en nosotros, para que podamos salir de la vieja Iglesia y nos convirtamos en la nueva Iglesia que Dios nos ha destinado a ser.

Al igual que como aquel pequeño grupo que vi en mi visión que no estaba tan solo construyendo sino construyendo conforme al modelo bíblico, así deberíamos ser. Conformaban un grupo pequeño, pero eran eficaces, mientras que el grupo más grande era completamente inútil.

CAPÍTULO 7

RECLUTAMIENTO DE GUERREROS

CONOCER EL GRADO DE AUTORIDAD QUE SE TIENE AL ESTABLECER Y BRINDAR AYUDA A UNA IGLESIA

El Guerrero me dijo:

– ¡Observa esto!

Tocó la trompeta y jóvenes guerreros salieron de las casas. Tocó la trompeta una vez más, y los jóvenes guerreros se dieron vuelta y ellos mismos construyeron casas.

Tocó la trompeta una vez más, y de las casas nuevas salieron guerreros más jóvenes. Tocó la trompeta una vez más, y los guerreros más jóvenes construyeron casas. Tocó la trompeta una vez más, y de las casas salieron guerreros aún más jóvenes.

Luego dijo:

– Regresa conmigo al tocar la trompeta una vez más.

Frustrado, contesté:

– Aguarda un minuto, Guerrero. ¿Qué ocurre con estos ministros? Cada vez que haces sonar la trompeta se dan vuelta y construyen casas.

– Están discerniendo correctamente el sonido del la trompeta –explicó el Guerrero–. Puesto que construyen mi habitación. Construyen mi casa. ¿Qué te parece si regresamos allí una vez más en vista de que no discerniste adecuadamente esto por ti mismo? –preguntó.

Sí –respondí mortificado.

El pequeño grupo se había preparado para la batalla y batallaba de la mejor manera posible: ¡construyendo! Este grupo fue el único que supo discernir adecuadamente el llamado de la trompeta de Dios; la trompeta constituía un fuerte y claro llamado a construir, dirigido a todos los cristianos. El pequeño grupo respondía invirtiendo sus vidas para la próxima generación. Por consiguiente, cada generación se fortalecía aún más que la anterior. Los hijos se fortalecían aún más porque los padres eran más fuertes, y los padres cumplían cada vez mejor la tarea de darles la vida a sus hijos.

La mayoría de los hombres que hoy tienen un ministerio no han tenido a nadie que se hiciera responsable de ellos como padres. Esta es una razón por la que tienen tanta dificultad para reconocerse como padres para otros. Cuando los hombres son criados en la iglesia y no hay nadie que se haga responsable de ellos como padres, tanto por negligencia como por incapacidad, tienen muy poca o ninguna capacidad de reconocerse como padre para otro.

Los hombres del círculo que arrojaban la semilla hacia adentro, no estaban produciendo una descendencia espiritual. Había una incapacidad y negligencia de su parte, porque ya tenían sus propios planes diagramados. Su foco de atención estaba adentro y no en construir adentro de otros. No invertían en la siguiente generación. Tal vez nunca nadie había derramado su vida en ellos. Cuando los ministros construyen conforme a sus propios planes, nunca puede llamarse a eso trabajo apostólico.

Un verdadero trabajo apostólico siempre consistirá en construir conforme al modelo bíblico. Solamente porque sea necesaria una restauración del ministerio apostólico, no significa que los apóstoles hayan estado ausentes por completo. El pequeño grupo de mi visión era apostólico. Me di cuenta de eso por lo que estaban haciendo: construir y producir hijos espirituales. El pequeño grupo no miraba hacia adentro ni atendía sus propios planes, estaban al servicio de la visión mayor: construir el Reino en la siguiente generación, guerreros que tomaran la responsabilidad de vencer al enemigo.

En la visión vi que ese pequeño grupo había estado en escena durante muchas generaciones –Dios siempre tiene un remanente– porque producían muchas generaciones de hijos. Podían interpretar el llamado de la trompeta de Dios porque tenían oídos capaces de escuchar lo que el Espíritu le dice a la Iglesia. Este llamado es el mismo llamado que ha resonado a lo largo de los tiempos: ¡construir! Tan solo un remanente lo ha escuchado y ha respondido; sin embargo, puedo ver dónde se multiplicará la respuesta al llamado de Dios de hoy en adelante.

Una persona con unción y un plan puede plantar una iglesia, pero eso no significa que esté construyendo. Para construir como se debe, es preciso hacerlo conforme al modelo bíblico. Hace años planté iglesias para una denominación pentecostal. Yo estaba ungido y tenía un plan, por lo tanto, no tuve ninguna dificultad para plantar cuatro iglesias de doscientas personas en un período de cuatro años.

Otro hombre y yo estábamos en un equipo experimental. Él tenía un don pastoral, yo era el profeta y evangelizador, y establecíamos tantos encuentros para mujeres como podíamos. Teníamos encuentros durante el día y por las noches y, eventualmente, crecíamos hasta el punto de tener encuentros todos los días de la semana. Cuando llegábamos a esa cantidad de encuentros, nombrábamos nuestro primer servicio eclesial.

Nuestro objetivo era tener cien personas para el primer servicio, así como también mantener nuestros encuentros diarios. Al principio no teníamos ningún líder masculino en los grupos, pero una vez que la iglesia comenzó a funcionar empezamos a entrenar hombres para formarlos como lo que nosotros llamábamos "líderes custodios", y los hombres comenzaron a asumir la autoridad en algunos de los grupos. Manteníamos los encuentros de mujeres durante el día. Algunos días teníamos dos encuentros: por la mañana y la noche, y otras veces por la tarde. Las mujeres no conducían los encuentros, pero eran formidables a la hora de reunir gente. Nosotros enseñábamos muchísimo y, durante los momentos en los que ministrábamos, yo profetizaba acerca de ellos. En doce meses llegábamos a ser doscientas personas con US$ 10.000, aproximadamente, en el fondo de construcción. Ahí es cuando la denominación traía a un pastor para que se hiciera cargo de la iglesia.

Si hoy estuviese plantando una iglesia, utilizaría el mismo plan. La única diferencia sería que implementaría un gobierno del Nuevo Testamento. Cuando se planta una iglesia hay que centrarse en las mujeres; eventualmente, los hombres vendrán. Cuando Jesús habló con la mujer junto al pozo en Juan 4:7-30, en los versículos 28 al 30 se lee: *"La mujer dejó allí el cántaro y corrió al pueblo a decir a la gente: 'Vengan a ver a un hombre que me ha dicho todo lo que he hecho. ¿No será este el Cristo?' Salieron, pues, del pueblo y fueron a verlo"*. Basamos nuestra estrategia sobre esta Escritura y nos resultó de maravillas.

EL PODER DEL ENTRENAMIENTO

Me encanta entrenar guerreros, y a los guerreros les encanta ser entrenados. Cuando voy a Florida a visitar al pastor Jimmy Mas, me deja recostarme en su sofá, me trae una Coca diet y dice:

– Muy bien, Papá, repréndeme; no herirás mis sentimientos.

Quiere que yo le sugiera correcciones que considere apropiadas en cuanto a cómo está construyendo el Reino. Por lo general no hay nada que necesite mayores ajustes, pero el hecho de que esté dispuesto a recibir correcciones me demuestra el corazón de un genuino guerrero para Cristo.

Los guerreros auténticos no dicen: "Eh, intenté eso, estuve ahí, hice eso y leí el libro". Los verdaderos guerreros se enriquecen cuando son entrenados. Hace muchos años aprendí la importancia de ser entrenado, prácticamente me salvó la vida y me dio una lección que nunca olvidaré. El sexto grado fue un tiempo de cambio total en el proceso de crecimiento. Me sucedieron muchas cosas. Me pusieron en una clase de educación especial; yo era muy tímido, un solitario y, frecuentemente, los otros chicos se burlaban de mí porque tenía problemas con la lectura. También tenía un problema hormonal que no me permitía desarrollarme físicamente como corresponde, y no podía practicar deportes debido al asma.

Durante este tiempo difícil, llegaron tres personas a mi vida que me alentaron y me entrenaron para que pudiera mejorar. Cada uno de los pasos era duro al principio, porque tenía que superar obstáculos, pero los resultados fueron extraordinarios para mí.

En primer lugar, tenía una gran maestra que creía en mí. Era la señorita Imhoff. Ella me dijo:

– ¡John Kelly, eres listo y aprenderás a leer!

Hacía que me quedara en la escuela todos los días después del horario de clase durante dos horas, para enseñarme a leer. Los resultados en mi vida fueron increíbles. Cuando me gradué en sexto grado, la señorita Imhoff me había hecho llegar al nivel de lectura de sexto grado. Era un estudiante de calificación regular pero, al menos, leía correctamente para mi nivel. A causa de la enseñanza –el entrenamiento– que me había brindado la señorita Imhoff, algo me sucedió internamente. Cambié y comencé a pensar: "¡Amigo, puedo leer!" El punto culminante llegó cuando me gradué con magna *cum laude* –segunda calificación más alta en el nivel de logros que los estudiantes norteamericanos alcanzan cuando terminan sus estudios escolares– en octavo grado, dos años más tarde.

Mientras aprendía a mejorar mi lectura en la escuela, hubo también otro suceso que influyó en mi capacidad para leer. Esto comenzó con mi papá nuestro vecino de al lado, el señor Smantana –científico que había realizado algunos trabajos relacionados con la bomba atómica–. Estaban teniendo una de sus conversaciones casuales, cuando el señor Smantana le dijo a mi papá:

– ¡Usted debería tener un Cadillac, Kelly!

Mi papá respondió:

– ¡Tiene razón!

Lo siguiente que supe fue que había seis Cadillacs hechos chatarra en nuestros dos patios. Empezaron a armar dos Cadillacs con los restos que habían comprado del depósito de chatarra. Y se puso todavía mejor: todos los días mientras trabajaban con los autos, yo les leía el manual para armarlos. Ahora bien, esa era una época en la que apenas si podía leer. Aún así, todos los días leía esta cosa técnica que estaba fuera de mi alcance.

Por ese tiempo el señor Smantana dijo algo que afectó mucho mi vida. Me dijo:

– John, si sabes cómo leer, no hay nada que no puedas hacer. Este libro se trata todo de las partes de un Cadillac y, gracias a este libro, tu papi y yo tendremos dos Cadillacs flamantes para fin de año.

Tenía razón. A fines de ese año el señor Smantana y mi padre tenían dos Cadillacs flamantes, porque habían usado la información de un libro que yo les había leído.

El tercer impacto vino por parte de mi médico, que se interesó por mí y me presentó a su hijo, que era levantador de pesas. Su hijo me aconsejó levantar pesas con él, y su entrenamiento me ayudó a transformar la grasa de mi cuerpo en masa muscular. Los efectos de este entrenamiento hicieron que mis pulmones se expandieran y que el asma desapareciera a tal punto que, eventualmente, pude jugar al fútbol americano para novatos.

Como novato formé el equipo de la universidad, e inclusive formé el equipo del condado. De pronto descubrí que yo era una estrella. Estaba asombrado porque el año anterior los otros chicos se reían de mí y me cargaban. En el colegio los muchachos les decían a las chicas:

– ¿Ves al gordo idiota de Kelly? Ese va a ser tu novio.

¡Imagínate lo sorprendidos que estaban con mi transformación!

Todos estos resultados positivos en desarrollo, ocurrieron mediante tutoría. Tuve una maestra que me amó lo bastante como para enseñarme a leer. Cambié porque mi padre y su amigo me pidieron que leyera un manual de autos que me demostró que leer libros podía otorgarme la posibilidad de construir y alcanzar objetivos. Me convertí en atleta porque un médico y su hijo me alentaron a superarme a mí mismo físicamente. Yo era la clase de chico que siempre escuchaba a mis entrenadores porque creía, y todavía creo, que escuchar es la clave del éxito.

En consecuencia, cuando comencé a boxear, para mí era normal hacer lo que se me decía. En las setenta y siete peleas de mi carrera, nunca gané el primer round, fui vencido todas las veces. Sudaba muchísimo, tanto que no podía ver. Entonces mi entrenador me gritaba que lanzara mi gancho derecho. Yo tenía dos cosas a mi favor: un entrenador grandioso y un gancho derecho estupendo. Había sujetos más robustos y fornidos, pero debido a la longitud de mi cuerpo –creo yo–, contaba con un formidable gancho derecho. Cuando mi entrenador veía que mi oponente bajaba la guardia, me gritaba que lanzara mi gancho derecho, y yo lo hacía. De eso se trata ser entrenador, de hacer lo correcto en el momento correcto.

A causa de estas experiencias de mi juventud, creo en el grandísimo impacto que puede tener un entrenador –tutor, maestro, consejero– en una persona joven. El pequeño grupo que vi en mi visión, obviamente era exitoso en el entrenamiento, ya que sus integrantes

CUANDO

UN MINISTRO

DICE:

"ES MI

MINISTERIO

Y ES MI

IGLESIA",

DETIENE LA

REPRODUCCIÓN

Y LA VIRILIDAD

DE LOS HIJOS

ESPIRITUALES.

crecían en estatura generación tras generación. Pero el grupo de ministros que estaban en el círculo mirando hacia adentro, en lugar de producir hijos, decían:

– Es mi ministerio y es mi iglesia.

Esto detiene la reproducción y la virilidad de los hijos, y la actitud de "mi iglesia" se convierte en un profiláctico espiritual que detendrá la semilla que Dios sembró. En lugar de producir hijos, producen huérfanos y bastardos.

HIJOS EN LA CASA

Otro aspecto importante de la visión es que los hijos eran criados en la casa. En este caso la casa significa la comunidad local de creyentes, no una estructura física sino, más bien, la familia de Dios expresada como *comunidad local*.

La Iglesia de Antioquía cree en el principio de reproducción y se reproduce una y otra vez. Se reproduce mediante el envío de los hijos a plantar iglesias. Cuando Moisés quiso enviar un líder a la Tierra Prometida, envió a Josué; cuando el Padre quiso traer la salvación al planeta Tierra, envió a su Hijo Jesús y no a un ángel –mensajero–. Envió a un hijo que le era fiel a su casa. Un hombre que es criado en la casa puede encargarse de las cosas que conciernen a la casa.

Esto contrasta muy claramente con las personas que actúan como mensajeros, aquellos que no han sido criados en la comunidad local de creyentes donde se les ha encomendado que levantaran una nueva iglesia. Puede ser que estos mensajeros hasta hayan asistido a una escuela o seminario bíblicos –eso no tiene nada de malo–, pero si la persona no es un verdadero hijo, criado en la casa –esa comunidad local– está destinada a causar problemas.

La única forma de que el mensajero obtenga su condición de hijo, es que un padre espiritual lo adopte. Un auténtico padre espiritual brinda a la Iglesia un enorme discernimiento y estímulo a las necesidades de la comunidad local y al gobierno de Dios.

PLANTAR CON LOS HIJOS

Una de las claves para plantar iglesias es el envío de un hijo que haya sido criado en la iglesia local y que esté bajo la tutoría de un padre espiritual. Cuando él vaya a plantar una iglesia, ya está relacionado con un hombre apostólico –su padre espiritual– que puede aconsejarlo en el proceso de plantación.

Un ejemplo claro de esto ocurrió hace un par de años cuando surgió un problema simple con un pastor en una iglesia local. Aunque este pastor era parte de nuestro grupo, tenía una percepción errónea de la autoridad. Era una persona con algún tipo de herida a causa del abuso sufrido en su vida en un movimiento de pastores. Creía que los líderes del ACM querían controlarlo como lo habían hecho en ese movimiento previo. Él temía que los problemas en su iglesia nos impulsaran a sacarlo del ministerio.

Envié a alguien para que le explicara al pastor que nosotros no actuábamos ejerciendo nuestro control de esa manera tan estricta, y que no reemplazábamos instantáneamente a nadie por un problema. Estábamos allí para ministrar, aconsejar, reprender y fortalecer sus obras. También envié este representante para ayudar al pastor a encargarse de este problema secundario en la iglesia. El mensajero fue y le explicó la situación al pastor, pero el problema persistía. Luego envié a otro para explicarle al pastor la situación. Lo hizo, pero el problema continuaba. Finalmente envié a otra persona y el asunto desapareció casi de inmediato.

¿Qué sucedió? Los primeros dos hombres dijeron lo mismo que el tercero. ¡Entonces comprendí! ¡Había enviado un mensajero cuando debería haber enviado a un hijo criado en la casa! El mensajero podía decir la verdad y exponer todos los detalles, pero no podía transmitir el corazón de lo que comunicaba. No podía transmitir el corazón del padre –espiritual–. Debe hacerse lo mismo en una iglesia en crecimiento. El corazón del Padre debe ser transmitido, no solamente los planes y estrategias. El hombre que es enviado a plantar una iglesia, debe tener el corazón y el espíritu del Padre celestial para plantar en la forma adecuada.

DONES AL PLANTAR IGLESIAS

En tanto y cuanto la persona enviada a plantar una iglesia sea hija de la comunidad local de creyentes, hay un gran porcentaje de tener éxito, independientemente de cual fuere su don ministerial. Sin embargo, con respecto a plantar iglesias, algunos dones demuestran ser más eficaces que otros en los distintos puntos del proceso de crecimiento de la iglesia.

Estoy convencido de que un grave error que cometemos al plantar una iglesia es comenzar a hacerlo con alguien dotado para el pastorado. Estos hombres quieren dedicarse y consentir a la gente desde el comienzo. El pastor comenzará a atraer gente al grupo y se estancará en ese grupo. Involuntariamente, esto lo llevará a fracasar al momento de tener que intensificar el entusiasmo para asistir a un gran número de personas.

En el comienzo los mejores hombres para enviar a plantar una iglesia son loa evangelizadores, los profetas y los apóstoles. El evangelizador puede investigar un nuevo terreno, ganar almas y comenzar a atraer una multitud con esa unción. El profeta es eficaz para plantar iglesias, porque puede adentrarse en el terreno y dar a luz a una multitud –especialmente en los Estados Unidos de Norteamérica– al pronunciar palabras proféticas. Tanto el evangelizador como el profeta parecen operar mejor cuando logran levantar la nueva iglesia con alrededor de doscientos personas; luego le ceden el mando al pastor que va a encargarse de pastorear el continuo crecimiento.

Aunque el profeta y el evangelizador son los más apropiados para plantar una iglesia, luego de tres años aproximadamente comienzan a sentir un rechazo hacia la multitud, y la multitud se cansa de "ser rescatada" cada domingo. Con el profeta la gente se cansa de escuchar profecías acerca de ellos. ¿Cuántas veces puedes recibir una profecía antes de que ya la sientas vieja y gastada? Es por eso que es crucial para el pastor entrar en este punto del proceso.

El apóstol produce el mismo efecto que un evangelizador y un profeta en una iglesia nueva. La diferencia principal está en que el apóstol parece nutrir y atraer una mayor cantidad de personas previamente, debido a su capacidad de reunir a la gente en grupo. De todos modos, eventualmente, el apóstol también debería dejar que el pastor se encargue de cultivar el crecimiento y la maduración entre los hermanos de esa iglesia.

AUTORIDAD APOSTÓLICA Y LA CASA

En la visión los hijos se nutrían en la "casa". Este es el círculo de autoridad espiritual que comúnmente conocemos como comunidad local de creyentes. Esta es una importante observación. El apóstol tiene un determinado círculo en el cual puede ejercer su autoridad espiritual, pero esa autoridad no es válida en cualquier lugar. Existe un principio de autoridad espiritual relacionado con la "casa".

Casi todo el mundo tiene un círculo determinado en donde ejerce autoridad. De acuerdo, en algunos casos la autoridad es limitada. Por ejemplo, nuestra conferencia grupal antíoque es la que se consideraría como mi círculo de autoridad, mi "casa" local, y todos los que asisten deberían tener una actitud de obediencia.

Sin embargo, en una conferencia de otro grupo o en una iglesia local, mi rol sería el de obedecer al líder local, ese es su círculo de autoridad, la casa que él debe cuidar. No importa el tamaño que tenga un ministerio, el rol de un apóstol siempre es el de servir.

UN PRINCIPIO DE LA CASA

Cuando voy a la iglesia local estoy en la "casa" del pastor y soy una visita, un huésped. No estoy allí para transgredir nada que esté bajo su cuidado. No invadiría a su familia, a los superiores de su iglesia ni a su congregación; toda esa gente está bajo su tutela, comprenden su círculo de autoridad. Yo estaría allí para obedecer y servir. Sin embargo, la dinámica de la autoridad cambia cuando el pastor no está con su congregación o familia. Cuando estoy solo con él o con cualquier hermano comprometido con nuestro grupo, él está en mi "casa", mi círculo de autoridad.

Tenemos que saber cuándo entramos y salimos de la casa de alguien, situación que puede cambiar rápidamente. Si visito a un pastor y ministro en su iglesia, él es el hombre de la casa y yo debo obedecerlo. Si estuviera instruyéndolo en lo apostólico, cuando estamos a solas, me devuelve la autoridad otra vez. Pero si de pronto nos juntamos con sus líderes, yo le devolvería la autoridad a él.

Los hombres que no puedan hacer eso, nunca ministrarán con éxito como apóstoles; y si tienen grupos, estos, eventualmente, se disolverían. A causa de este motivo, fui capaz de predecir la ruptura de cuatro grupos apostólicos, porque no comprendían cómo funciona la autoridad en cada casa. Y no se necesita un profeta para predecir eso.

INTEGRIDAD

La unción apostólica y los conocimientos prácticos apostólicos son muy importantes, pero la falta de integridad puede borrar todo eso. Debemos entender algo con respecto a la unción. Existen dos clases de seducción que vienen con ella:

SEDUCCIÓN DE PODER

Esta tentación crece a medida que las multitudes de personas son atraídas hacia tu liderazgo. Resulta fácil encontrarte a ti mismo pensando que todos los planes y consejos de Dios vienen solo de ti. Con frecuencia, el orgullo nos alcanza sutilmente y nos hace reacios a escuchar una corrección (ver Proverbios 16:18).

SEDUCCIÓN SEXUAL

Cuando tienes una unción poderosa, las personas del otro sexo se siente atraída por ti. Podrías tener una apariencia física desfavorable, pero aún así, se sentirían atraídas por tu presencia. A menos que demuestres sabiduría en la interacción con la gente, puedes ser engañado por medio de esta tentación (ver Jueces 1:14-15).

Un apóstol debe tener integridad cuando entra en la casa de otra persona. Si un apóstol anhela recibir cumplidos y comentarios halagadores para su ministerio, está cerca del peligro. Las Sagradas Escrituras proporcionan serios avisos acerca de cómo recibir y tomar los elogios de otros:

"Se prueba la plata en el fuego, se coloca el oro en el crisol: cada uno debe probar a los que lo adulan (...) adular a su prójimo es tenderle una red bajo sus pies" (Proverbios 27:21; 29:5).

Como apóstoles debemos controlar nuestros corazones, pues involuntariamente podríamos atraer y sacar a los hijos de la casa de nuestro hermano y dañar sus obras. Debe haber integridad en cualquier conversación que entablemos con los hijos de esa casa. También debemos mantener una actitud honesta con el padre de esa casa acerca de lo que se conversa con sus hijos.

Por ejemplo, puede haber un hijo que pasa por una etapa independiente. Puede ser que venga y me diga:

– Usted está mucho más ungido que nuestro pastor.

Debes tener cuidado con semejante enunciación. Además, por otra parte, no importa si estás de acuerdo o no con el halago –los aduladores tienen un programa de acción encubierto– ten en mente que la adulación conduce a la muerte (ver Salmo 5:9; 12:2-3; Proverbios 26:28). Trato de que los padres de un ministerio tengan total y pleno conocimiento de todo lo que converso con los hijos –pongo todo sobre la mesa– aún cuando el hijo haga un comentario negativo acerca de su padre espiritual... comentario que tal vez sea válido y con el cual yo esté de acuerdo.

RESPETAR AL LÍDER

Otro principio que sigo es el de respetar al padre de la "casa". En las Sagradas Escrituras dice: *"Que entre ustedes el amor fraterno sea verdadero cariño, y adelántense al otro en el respeto mutuo"* (Romanos 12:10). Trato especialmente de que la gente sepa lo que opino del hombre que está al mando en esa casa. Cuando voy a una casa, estoy allí para prestarle un servicio a él, no a sus hijos. Algunos tienen problemas con esto, pero no estoy en esa casa para servir a sus hijos, porque esa es su responsabilidad.

Algunos apóstoles cometen este error: van a la casa de otro hombre, con un corazón de padre innato, con el deseo de nutrir y edificar a los hijos. Esta actitud no tiene nada de malo, pero cuanto más vayas con un corazón de padre innato, será mucho más probable que tengas problemas con el líder. Esto se debe a que intentarás ser un padre para sus hijos; tal vez ni siquiera te des cuenta de que estás conquistando a sus hijos, de que estás robándole al padre de ese ministerio o congregación, los corazones de sus hijos. Este es el punto en donde se equivocan los líderes ministeriales viajantes. En lugar de prestarle sus servicios al padre, terminan conquistando a sus hijos.

DISCERNIR EL SONIDO DE LA TROMPETA

Finalmente comprendí que este pequeño grupo de gente en la visión construían el reino de Dios en la forma adecuada. No lo comprendí así al principio. Creía que era como tantos otros grupos que veo hoy, que construyen sin aplicar los principios bíblicos apoyados en la autoridad divina, la organización bíblica, la siembra espiritual y la cultivación de la santidad, la humildad y el perdón. La Iglesia necesita reconocer que el modelo y los principios de Dios son para el gobierno y el crecimiento de la Iglesia misma.

No puede construirse la casa de Dios con madera, caña o paja (ver 1 Corintios 3:10-15). Solo mediante el diseño de Dios una iglesia puede crecer en forma saludable y fecunda. Todo lo demás resulta insuficiente. Ese es el motivo por el que tantas mega iglesias del pasado ahora son estructuras vacías y sin vida. ¿Podemos discernir el sonido de la trompeta? ¿Construiremos tomando el ejemplo y las medidas de Dios? Incluso hasta el salmista dice:

> "Si el Señor no construye la casa, en vano trabajan los albañiles; si el Señor no protege la ciudad, en vano vigila el centinela" (Salmo 127:1).

CAPÍTULO 8

CAMPO DE ENTRENAMIENTO DE RECLUTAS DE DIOS

ENTRENAR A LOS LÍDERES EN AMOR Y UNIDAD

El Guerrero me llevó a observar al pequeño grupo nuevamente, ¡y quedé asombrado por lo que vi! Los jóvenes guerreros eran más grandotes, más musculosos y tenían aspecto más feroz que los guerreros mayores que ellos. De hecho, cada generación de guerreros era más musculosa y feroz que la generación anterior.

Estaba a punto de preguntar cómo hacían los guerreros para volverse tan fuertes, pero el Señor sabía que le iba a hacer esa pregunta. Dijo:

– Porque cada uno se ejercita más arduamente en la casa donde se entrena.

A esta altura de los hechos, supe que el Guerrero que me había mostrado todas estas cosas era, sin lugar a dudas, el Señor.

El Pastor Dirk Lawyer de Resurrection Church (Iglesia de la Resurrección) de Portsmouth, Ohio, tiene una forma interesante de ver este tema utilizando formas y sombras del Antiguo Testamento. Él usa 1 Crónicas 20:6-7:

"Hubo de nuevo una guerra en Gat, y había un hombre de gran estatura que tenía veinticuatro dedos, seis en cada mano y pie. También este descendía de Rafá. Desafió a Israel y lo mató Jonatán, hijo de Simá, hermano de David".

Usando este texto como ilustración, el Pastor Dirk comparaba al gigante con los hombres jóvenes a los que se les permite ejercer un ministerio prematuramente:

Este es uno de los gigantes... que roba la semilla tan preciada de los hombres jóvenes con un ministerio. El seis se refiere al número del hombre, el dos se refiere al testimonio, los dedos se refieren a las obras; por lo tanto, lo que tenemos aquí es un testigo de las obras carnales. ¿Cuántos saben que cuando te prestas prematuramente, tendrás que sudar la gota gorda? ¿Cuántos saben que, como predicador, no se te permite sudar? El gigante tiene seis dedos en los pies; los pies se asocian con caminar, entonces se refiere a un testimonio de un caminar en la carne. Un hombre joven tiene todo esto. Si se pone en marcha su ministerio prematuramente, tendrá un testimonio de obras carnales y de un caminar en la carne, y eso será todo lo que alguna vez produzca.

Este gigante no tenía nombre, porque ¿adivina qué nombre tenía en su frente? ¡Tu nombre! No tenía nombre; era reconocido por sus seis dedos en las manos y los seis dedos en los pies. Un hombre joven como ministro que no tiene unción y que se adelanta a Dios en su llamado, nunca tendrá un nombre a los ojos de Dios, pero siempre será reconocido por su andar en la carne y sus obras carnales. Madera, caña y paja... solo tenemos que dejar que el fuego lo consuma todo.

Aquellos que dejan la casa antes de tiempo y no son criados por el padre adecuadamente, ni son llevados a un lugar de preparación, han dominado en el ámbito cristiano en las décadas pasadas. Pero Dios está levantando líderes que se den cuenta de los errores del pasado. El Pastor John Diana acota esto acerca del construir:

> He aprendido mucho acerca del construir por medio del construir inadecuadamente. No hay nada como cometer errores y tomar malas decisiones para ayudarte a tomar buenas decisiones. Para mí, una crisis es una excelente motivación para hacerlo bien la próxima vez. Cuando ves que algo en lo que derramaste sangre, sudor y lágrimas pero que, a la vez, no hiciste correctamente y lo ves derrumbarse con el viento, no quieres volver a pasar por eso. No volveré a hacerlo. Voy a hacerlo correctamente la próxima vez. Esta vez logrará mantenerse en pie ante los vientos de la adversidad.

LOS HIJOS SE DESARROLLAN PARA LA GUERRA

Todo padre debería anhelar que su hijo llegue más lejos que él. Este era, obviamente, el caso de los jóvenes guerreros que vi en mi visión. El Pastor Thurloww Switzer, ministro interlocal, hace una interesante observación sobre este tema utilizando la vida de David. Switzer dice:

> Estoy fascinado de que en el momento en que David mató a Goliat lo primero que ocurrió en la colina fue que Saúl, volviéndose a sus aliados, les pidiera: *"¡Averigüen de quién es hijo ese joven!"* (ver 1 Samuel 17:55).
> Cuando quiera que veas un hijo desarrollarse o a alguien que ha llegado lejos, la pregunta debería ser ¿Quién crió a esa persona? Cuando hay hijos capaces de ir a la batalla y tienen el coraje de encargarse de las cosas que nadie desea asumir como responsabilidad, y que estén ansiosos por ser líderes, quieres averiguar quién los crió. Por lo tanto, ¿esto quiere decir que la

prueba de la fecundidad en tu vida es el resultado de la cantidad de hombres a los que has fortalecido para asumir responsabilidades y para ser valientes y capaces de vencer e influenciar el ministerio?

El Pastor Ray Guinn agrega:

La definición de iglesia, que es la palabra griega *ecclesia*, significa "llamado uno". Viene del Antiguo Testamento, cuando sonaba la trompeta y la gente era llamada a reunirse para la guerra, para la adoración y para escuchar La Palabra. Eran llamados para cumplir una función específica. Cuando Jesús habló de construir la iglesia en Mateo 16:18, dijo: *"Construiré mi iglesia"*. En ese contexto Él dice: Llamo a la gente; la trompeta va a sonar y ellos serán llamados y se reunirán –yo voy a edificarlos– pero voy a enviar a este grupo contra las puertas del infierno –es una expresión militar– y las puertas del infierno no prevalecerán.

Si no tenemos hijos, el ejército no puede reclutarlos para ir a la guerra. Si no damos a luz ningún hijo, no habrá nadie para pelear. La razón es que peleamos entre nosotros mismos, nos matamos unos a otros. Debemos aprender cómo permitir que esta paternidad espiritual traiga sanidad espiritual a la Iglesia, así Dios puede llamar a estos hijos y enviarlos a hacer guerra.

El apóstol Emanuelle Cannistraci ministró en la conferencia para pastores en Indonesia. Ellos llegaron en botes, no en transatlánticos lujosos totalmente equipados, sino en esquifes repletos, viejos y sucios. A muchos de ellos les llevó cinco días de viaje, pero fueron para ser retados a duelo y para ser golpeados. El grito de sus corazones, sin embargo, era el de obtener un padre espiritual. Cientos de estos humildes hombres de Dios agarraron y tiraron de Emanuelle y le pedían:

– Por favor, sé nuestro padre.

Frente a lo que él respondió tristemente:

– No puedo ser el padre de tantos.

Hoy hay mucha hambre en el mundo. Hay líderes que se dan cuenta de que necesitan de un padre y buscan hombres de Dios que puedan serlo. Estos creyentes comprenden que lo que buscan requiere de más que una creencia de la boca para afuera, que tener una "hiperfé" o cualquier otro atajo. Se requieren padres honorables que transmitan los principios bíblicos, que pueden resistir ante cualquier desafío en la vida.

ENTRENAMIENTO EN LA CASA

El área de entrenamiento para la gente llamada a un ministerio es la iglesia local. Los seminarios y escuelas bíblicas pueden complementarse con la iglesia local, pero no pueden reemplazarla como área de entrenamiento. Los estudiantes que han pasado años en la escuela bíblica, egresan seguros, pero pronto descubren que no están bien preparados para el ministerio. Los seminarios y escuelas bíblicas no pueden preparar a un pastor para el ministerio en la iglesia local, solo el ministerio en la iglesia local puede hacerlo. Los jóvenes guerreros de mi visión habían sido entrenados en la iglesia local –la casa– y su entrenamiento había sido completo y eficaz.

HAY LÍDERES QUE SE DAN CUENTA DE QUE NECESITAN DE UN PADRE, Y COMPRENDEN QUE SE REQUIERE MÁS QUE DE UNA CREENCIA DE LA BOCA PARA AFUERA, QUE TENER UNA HIPERFÉ O QUE CUALQUIER OTRO ATAJO. LO QUE SE REQUIEREN SON PADRES HONORABLES.

"Y, ¿dónde están sus dones? Unos son apóstoles, otros profetas, otros evangelizadores, otros pastores y maestros. Así prepara a los suyos para las obras del ministerio en vista de la construcción del cuerpo de Cristo" (Efesios 4:11-12).

La única forma de lograr esto es por medio del ministerio quíntuple, que es capaz de preparar a la gente de Dios para las obras de servicio, ya que el deseo de Dios es que se construya su Cuerpo. Muchos han construido cimentándose en supervisores religiosos, en superiores regionales, en modelos corporativos de la Escuela Bíblica XYZ o de manera independiente, pero es con apóstoles, profetas, evangelizadores, pastores y maestros que se logra asumir la responsabilidad como padres para una generación fuerte que luche eficazmente para el Señor.

Pienso que la razón por la que la iglesia local dejó de ser el lugar aceptado para entrenar a los creyentes para su ministerio, es que la mayoría de las iglesias locales son incapaces de hacerlo y no desean hacerlo. Pienso que lo mismo ocurre con la escuela de los profetas. Entrenar profetas debería ser una función de la iglesia local, pero vemos ministerios –grupos fuera de la iglesia– que lo hacen en lugar de la iglesia local. Esta es la razón por la que muchos profetas no saben cómo desempeñar su papel en la iglesia local. No existe un substituto de la iglesia local como centro de entrenamiento.

Respetar a aquellos que están por encima de nosotros

David Newell, que pasó veinticuatro años como copastor con el Pastor Charles Green en New Orleáns y que actualmente planta una iglesia en Cary, en Carolina del Norte, dice:

– No creo que Dios nos honre dándonos autoridad, a menos que estemos dispuestos a honrar al presbítero –(ver 1 Timoteo 5:17).

Nunca habrá un entrenamiento eficaz en la casa, a menos que valoremos al hombre que está por encima de nosotros –en autoridad–. Si no podemos valorarlo, jamás seremos valorados.

Las lecciones en las que fallamos, las que no aprendimos en la "casa", vuelven repetidamente hasta que las aprendemos. Ese es un principio bíblico. En otras palabras, todo lo que va, viene. El Pastor Dave cuenta esta anécdota:

Hace muchos años tuvimos un sujeto que era un tanto sigiloso. Se acercaba a la gente sigilosamente y les decía:

– El pastor dio una buena palabra esta mañana. Estuvo bien... pero tendremos una pequeña reunión hogareña, ¿les gustaría acercarse? Vamos a recibir revelaciones realmente de gran importancia, comida sólida de La Palabra. Lo que oímos esta mañana fue tan solo buena papilla, pero accederemos a cosas más profundas.

Comenzamos a oír acerca de este asunto; de hecho, dos profetas divisaron a esta persona y pidieron que fuera vigilado. Eventualmente, el Pastor Green dijo:

– Eh, Dave, ven aquí. Tenemos que encargarnos de esto; tenemos que reunirnos con este par de personas en mi oficina.

Cuando confrontamos al sujeto, explotó, simplemente explotó, le dijo al Pastor Green que era el anticristo y algunas otras cosas. El Pastor Green, experto en atenuaciones, dijo:

– Discierno que no eres feliz aquí.

El Pastor Green también era experto en sacarse de encima, sutilmente, este tipo de problemas. Y agregó:

– ¿Por qué no buscas un lugar donde puedas ser feliz y, así, alegrarte con ellos?

Estas personas dejaron la iglesia y, un par de años más tarde, el mismo sujeto llamó al Pastor Green y le dijo:

— Hermano Green, soy fulano de tal y llamo para pedirle perdón por todos los problemas que le causé.

El Pastor Green le contestó:

— ¡Sabes que lo haré! Te perdono completamente, pero ¿puedo hacerte una pregunta? ¿Ahora pastoreas en algún lado?

El hombre respondió:

— No pastoreo únicamente, pero hay alguien en mi iglesia que es como cuando yo estaba en su iglesia. Cuando me dirigí al Señor para deshacerme del problema, delante de mí apareció su rostro.

Dios le habló y le dijo:

— No me encargaré de ese problema hasta que no regreses y te encargues del problema original.

¡Sí, es cierto, todo lo que va, viene!

ATACAR EN FORMA SEPARADA

El Señor me preguntó:

— ¿Te sientes preparado para ver la unción corporativa en el día de la batalla?

Respondí:

— ¡Sí, Señor, estoy preparado para ver la unción corporativa en el día de la batalla!

La trompeta hizo resonar un fuerte y extenso llamado. Todas las tropas salieron de sus campamentos y se dirigieron a la cima de la colina. Allí se detuvieron.

El Señor exclamó:

— ¡Míralos!

Pude ver que cada grupo llevaba una bandera distinta y que vestían uniformes de distintos colores unos de otros. El Ejército de Dios se preparaba una vez más para atacar al enemigo.

Campo de entrenamiento de reclutas de Dios

El Señor dijo:

– Este grupo los atacará a través de la fe. Este grupo los atacará a través de la disciplina. Este grupo los atacará a través de la liberación. Este grupo los atacará a través de su ministerio personal. Aquel es el batallón profético. Ese es el evangelista.

Antes de llevarme a ver la unción corporativa en el día de la batalla, el Señor volvió a mostrarme el grupo que había sido tan inútil en esta visión. Era el gran grupo que había formado los círculos en los cuales los hombres miraban hacia adentro, arrojando la semilla en la tierra. El gran grupo ahora estaba dividido en pequeños grupos. Ahora todos estos grupos más pequeños estaban bajo sus propias insignias e iban a atacar al enemigo desde su propia especialidad: aquellos bajo la insignia de la fe atacarían por medio de la fe; aquellos bajo la insignia de la liberación atacarían por medio de la liberación; aquellos bajo la insignia profética atacarían por medio de lo profético, etc. Las iglesias no conocían otra forma de atacar fuera de su especialidad. Tenían que hacerlo de ese modo.

El pastor David Loveless de Discovery Church (Iglesia del Descubrimiento) de Orlando, Florida, presenta un asombroso discernimiento de cómo esta especialización entre varios grupos nos aparta de apreciar el panorama más amplio. Dice:

Hace años estaba trotando y el Señor me trajo a la mente la parte en Juan 14:2 que dice: *"En la casa (singular) de mi Padre muchas habitaciones hay (plural)"*. Simplemente me quedé reflexionando y meditando sobre ese fragmento y el Señor comenzó a mostrarme que se suponía que solamente hubiera un único tipo de Iglesia, aunque haya muchas manifestaciones dentro de esa iglesia.

Me dio la imagen literal de una casa –la clase de vivienda en la que tú y yo vivimos– con un número de habitaciones que cumplían una función diferente cada una: el living tenía una función; el dormitorio tenía otra función; la cocina tenía otra; el baño, otra; la cochera, otra; etc.

Parecía que el Señor me decía: "Dentro de la Iglesia se supone que debe haber una entidad, pero adentro hay un número de habitaciones diferentes que no son más que distintas manifestaciones de mi ser". Lo que tiende a hacer la gente, es construir una casa entera apoyándose solamente en una de estas habitaciones.

Esto es exactamente lo que yo veía en la visión que el Señor me dio: grupos, denominaciones e iglesias que habían construido sus ministerios sobre una sola faceta del evangelio. El pastor Loveless proporciona esta ocurrente ilustración de estas iglesias:

Versión eclesial de la salvación reiterada

Yo trabajaba en Barney's Barnacles. Como trabajaba en su tienda, Barney me cuenta acerca de la iglesia a la que asiste y cuánto lo ha ayudado. Le pregunto el nombre de la iglesia y me dice que es Main Street Temple (Templo de Main Street). Entonces voy a Main Street Temple y escucho el mensaje del evangelio que presenta. Luego de varias semanas veo que eso es exactamente lo que necesitaba en mi vida. Invito a Cristo a entrar en mi vida y empiezo a asistir a esa iglesia junto con mi familia. Dos años más tarde todavía soy rescatado cada semana, porque todavía escucho el evangelio presentado en la versión extensa. Cada domingo la gente es invitada a pasar adelante para invitar a Jesús a entrar en sus vidas, por vez cuarenta. Luego de un par de años, he sido completamente rescatado, pero algo no está bien en mi vida.

VERSIÓN ECLESIAL DEL ESTUDIO INTENSIVO

Luego, de pronto conozco a Henry en el club de raqueta pelota. Henry me cuenta acerca de la iglesia a la que asiste, donde él se alimenta de Dios. La Palabra lo enriquece. Lo que yo necesito es ser parte de una iglesia como la suya, donde pueda alimentarme. No es suficiente con la salvación, necesitas aprender. Entonces me dirijo al Teaching Center of Orlando (Centro de Enseñanza de Orlando) y lo primero que observo cuando voy al Centro de Enseñanza de Orlando, es que la gente sale de las camionetas y de los autos con maletines. Llevan cuadernos, reglas, guías de estudio, marcadores y lapiceras. En la iglesia cada uno se sienta en el banco y toma nota, esto es una cosa muy seria.

Durante los primeros meses me familiarizo con la gente de esta iglesia y descubro que estas personas tienen enormes créditos que pagar en Home Depot, Loews y Builders Square, porque constantemente tienen que construir estantes para libros. Durante los próximos dos años compro mis marcadores, lapiceras y reglas. Voy a Home Depot y me traigo tres nuevas repisas para libros, con el fin de poner mis libros nuevos. Cada domingo voy a la iglesia, tomo nota y lo guardo en mi maletín para poder tomar más notas. Un par de años más tarde me siento realmente alimentado, pero ¿sabes qué? Ahora algo sucede dentro de mi alma. No me siento conectado con Dios. De hecho, nunca me sentí amado ni tocado por una experiencia con mi Padre.

VERSIÓN ECLESIAL DEL "ME LLORÓ LA VIDA"

Entonces, en la calle conozco a Henrietta. Me habla acerca de Worship Center of Orlando (Centro de Adoración de Orlando). Me dice:

— Necesitas venir al Worship Center of Orlando. Serás tocado. Nuestra adoración es increíble.

Por lo tanto, voy al Worship Center of Orlando. Al entrar inmediatamente veo a la gente de rodillas, llorando y cantando. Nunca antes he visto algo así, hago lo que veo que hacen todos los demás. Busco a alguien con quien ponerme a llorar, porque me cuesta hacerlo. Pero luego de un par de semanas mi corazón comienza a sentirse verdaderamente tocado por la íntima adoración que allí se vive. Durante un par de años hago eso hasta que no puedo llorar más, no puedo hacer más el movimiento de vaivén y me pongo demasiado mayor de edad como para bailar.

VERSIÓN ECLESIAL DEL PODER SANADOR DE DIOS

De pronto conozco a Gertrude y ella me dice:

— No, no, no; eso no es lo que tú necesitas, tienes que venir a Billy Bob's Healing Center (Centro Sanador de Billy Bob). Eso es realmente lo que necesitas.

Me doy cuenta de que mis pañales estaban muy ajustados cuando salí del útero y necesito ser sanado. Necesito ser tocado físicamente; entonces voy a Billy Bob's Healing. Cuando tocan a las personas, se caen como fichas de dominó, no he visto nada igual jamás en mi vida. Pienso que esto es lo que necesito, así es que dejo que me lleven por un proceso de restauración personal y soy restaurado de manera personal... y soy restaurado de manera personal... y soy restaurado de manera personal... sigo retrayéndome al útero y ahora logro refamiliarizarme con mi madre. En un par de años fui tocado, fui alentado, pero ya no quiero volver al útero. ¡Quiero crecer! ¡Quiero hacer algo con mi vida!

Luego, de pronto, me doy vuelta y conozco a otra persona, y así, sin cesar, una y otra vez, la historia continúa...

La iglesia de Barney, la iglesia de Henry, la iglesia de Henrietta y la iglesia de Gertrude... todas estas iglesias eran como las de los batallones que vi en mi visión. Se focalizan solo en una dirección, cuando La Biblia nos enseña a ser buenos en todas estas cosas: salvación, sanidad, oración, evangelización, adoración, servicio, relaciones entre hermanos, enseñanza, envío, etc. (ver Romanos 12:9-18; 1 Timoteo 4:7-16; 2 Timoteo 4:2; 2 Pedro 1:57).

Los batallones que vi fueron inútiles contra el enemigo, porque solamente podían atacarlo desde una posición; estaban limitados a hacer lo que sabían hacer bien. No tenían ninguna estrategia contra el enemigo debido a las limitaciones de las iglesias. Si eran una iglesia de fe y su fe no traía victoria, no tenían otra alternativa. Si la iglesia era una iglesia de enseñanza y su enseñanza sola no lograba traer victoria, no tenían otra alternativa. Si la iglesia era una iglesia de liberación... si la iglesia era una iglesia de sanidad... y así sucesivamente. Dios ha llamado a su Iglesia a ser un paquete completo con la solución completa.

El fundamento para construir adecuadamente se encuentra en los "apóstoles y profetas", como se menciona en Efesios 2:20 con Jesús como la piedra angular. Muchos han construido sobre la base de supervisores denominacionales, superiores regionales, modelos corporativos de la Escuela Bíblica XYZ o de manera independiente, pero se requiere de apóstoles y profetas como padres en Cristo para levantar una generación fuerte que pelee eficazmente para el Señor.

Sí, hay una batalla

"Hay un montón de iglesias que ni siquiera creen que están en una pelea", dice Bruce Gunkle. Y explica:

Un montón de gente no cree que el diablo pueda hacernos mucho si somos cristianos. Todo eso es parte de lo que hace el diablo. El diablo está en guerra con nosotros. Mucha gente tiene un pacto de no agresión con el demonio y no se da cuenta de ello. Dicen:

– ¡Eso no me preocupa!

Mientras tanto, pierden a su familia, pierden sus hogares, pierden sus trabajos y no comprenden qué es lo que les sucede. Les han enseñado incorrectamente; el demonio es un experto en la guerra y, lo que sucede aquí, es un plan suyo.

Tienes que comprender que el enemigo siempre conspira contra nosotros. Tenemos un propósito que Dios nos ha dado y el demonio tiene un anti propósito. Lo que la Iglesia no entiende es que el demonio no está en guerra con Jesús, porque Jesús venció al demonio. ¡El demonio está en guerra con nosotros! Él quiere detener la venida del Reino al derrotarnos, porque el demonio sabe que Jesús obra a través de nosotros. Nosotros somos a quienes persigue, no a Jesús. Jesús ya venció.

En Apocalipsis 19:19 dice que somos "su ejército". ¡Un ejército es entrenado con un propósito específico: el de pelear! No somos entrenados como el Ejército de Dios para ir a tomar sol en la playa. Estamos en una guerra de verdad contra un enemigo real.

CAPÍTULO 9

EL EJÉRCITO REMANENTE

EL USO QUE DIOS LE DA A LOS GUERREROS UNIFICADOS

El Señor propuso:

– Deja que vayamos e inspeccionemos a aquel grupo.

Fui con Él a verlo. Sus miembros no estaban en grupo como en los otros batallones que había visto, pero estaban formados en filas. No usaban todos el mismo uniforme. En la primera fila había hombres con uniforme de discipulado, de santidad, de la fe, con uniforme pentecostal, carismático, con toda clase de uniformes que puedan imaginarse. Acoté:

– Parece como una milicia heterogénea.

El Señor agregó:

– Estos son mis soldados de caballería especiales. Se los calificaban de inadaptados cuando estaban en los batallones más grandes. Su visión fue más allá de lo que su Iglesia acepta como normal. Eran inadaptados porque poseían algo que los agitaba por dentro, no podían tolerar quedarse parados en círculos esparciendo su semilla. Observa los uniformes de las tropas que se encuentran detrás de ellos.

Cuando miré un poco más allá de la primera fila, logré ver que el resto de las tropas usaban uniformes de muchos colores, mucho más parecida a la imagen mental que siempre he tenido del abrigo de muchos colores perteneciente a José. Los cuellos de los uniformes estaban hechos de todos los colores. Los soldados representaban a cada raza, a cada grupo étnico, a cada creencia teológica. Pregunté:

– ¿Por qué se han detenido aquí?

El Señor respondió:

– Porque analizan el campo de batalla.

El pequeño grupo examinaba el campo de batalla y pensaba en su plan. Los guerreros de la primera fila vestían uniformes tradicionales de iglesia que combinaban con sus insignias: un uniforme pentecostal, uno carismático, uno de la fe, uno de santidad, etc. Esto es para hacerle cree al enemigo que estaba frente a lo mismo de siempre, que era la misma clase de Ejército del Reino que previamente había derrotado tantas veces. El Ejército de Dios, en esencia, estaba encubriéndose.

Detrás de la primera fila había más filas de guerreros, pero estaban vestidos de manera distinta. Llevaban puesto lo que parecía ser la capa de un rey. El Ejército de Dios tenía una fila que vestía la capa de la iglesia tradicional, pero todas las filas detrás de esa llevaban puesta la capa que representaba el consentimiento y el manto del Padre.

ACEPTEN TODA VERDAD

El Ejército de Dios vestía una capa multicolor que representa todos los movimientos de Dios desde el pasado hasta el presente, y todas las verdades de Dios pasadas y presentes. Es decir, habían juntado todo lo que habían podido de todo lo que estaba disponible. Este es el motivo por el que, como ya lo mencioné en la introducción, me gusta referirme a mí mismo como presbiteriano, porque creo en la pluralidad de los superiores –siempre refiriéndonos a mayores en espiritualidad–; como episcopal, porque creo en la autoridad de los obispos; como metodista, porque creo en las dinámicas de grupos pequeños; como bautista, porque creo en el bautismo por inmersión; como pentecostal, porque creo en el hablar en lenguas; como menonita, porque creo en la vida comunitaria de los santos, etc.

Del mismo modo necesitamos adoptar los variados movimientos carismáticos del Espíritu: palabra de fe, sanidad, liberación, movimiento de la última lluvia, movimiento de los hijos del manifiesto, movimiento eclesiástico de renovación y restauración. Podemos apropiarnos de lo que otros aprendieron antes que nosotros y adoptarlo, descartar lo que sabemos que está mal y poner en un estante las cosas de las que, hoy por hoy, no estamos seguros, para reconsiderarlas más adelante.

Sin súper estrellas

Durante muchos años hemos oído hablar a los profetas actuales acerca del Ejército de Dios del tiempo final, y de que este "saldría del escondite". No había súper estrellas, pero sí un ejército poderoso de hombres que peleaban juntos y con eficacia para destruir la obra del enemigo. Establecían iglesias conforme al modelo bíblico y construían para la próxima generación, perdían sus vidas en Cristo y le ponían fin al ideal del "mi ministerio". Este pequeño grupo representa el grupo de guerreros que se compromete con el éxito de unos y otros. Estaban unidos y vestían el manto del Padre. Tenían una estrategia corporativa y se preparaban para entrar en escena y hacer batalla.

UN PEQUEÑO EJÉRCITO QUE ESPERE Y EXAMINE EL CAMPO DE BATALLA

Mientras el pequeño Ejército de Dios esperaba con calma, examinaba el campo de batalla, hacia donde se dirigía para atacar el gran batallón. Este gran grupo no contaba con unción corporativa ni con una estrategia; sin embargo, avanzaba hacia el campo enemigo.

Desde donde se encontraban los ejércitos del infierno reunidos para la batalla, pude oír el griterío feroz de los demonios. De entremedio del Ejército de Dios, un gran batallón denominado Fe comenzó a acercarse a los ejércitos del infierno, pero se dieron la vuelta porque no tenían fe. Seguían creyendo que el campo de batalla cambiaría, pero no fue así. Los ejércitos del infierno permanecían feroces y amenazantes.

El Ejército de Dios inició un ataque en el campo enemigo mientras que la Fe se quedó atrás. El pequeño grupo todavía tenía que realizar su movida. Una gran matanza se llevaba a cabo en el campo de batalla; el Ejército de Dios era derrotado por el enemigo.

Luego observé al pequeño grupo comenzar a formarse en forma de una cuña.

Observé cómo atacaba al enemigo el gran batallón, y su rotunda derrota. Mientras estaban en los círculos, estaban llenos de fe y hacían muchos alardes, pero cuando realmente confrontaron al enemigo, fracasaron pésimamente. Mientras tanto, el pequeño grupo planeaba un ataque, solo que este ataque estaba sujeto a las órdenes y los tiempos de Dios. Estos hombres conformaban un ejército de firmes propósitos, concentrados en la victoria que había por delante. La unidad que tenían era evidente a los ojos de todo el mundo, se amaban los unos a los otros con un amor de alianza. Lo que estaba por hacer el pequeño grupo es algo que todos los cristianos hemos esperado desde la época de Cristo: ¡formaban una cuña que destruiría todo lo que se enaltecía a sí mismo por sobre la sabiduría de Dios!

LA CUÑA

Luego observé al pequeño grupo comenzar a formarse en forma de una cuña.

– ¿Qué hacen? –pregunté.

El Señor respondió:

– Esta es la sabiduría que le fue otorgada a Moisés. Algunos han dicho que se trata de un principio elitista, algunos otros lo llaman jerarquía; sin embargo, formar una cuña es una táctica de guerra. Delante de cada mil guerreros, los capitanes avanzan primero, no en último lugar.

Los capitanes se ubicaban al frente de la cuña, y pude ver que, por detrás, cada generación formaba una nueva cuña. De hecho, había cuatro cuñas en total. Al entrar la cuña en el campo enemigo la batalla rugía con nuevas fuerzas. La segunda cuña era aún más agresiva que la primera. Empujaban literalmente a los guerreros más viejos al campo de batalla. Estos eran lo suficientemente fuertes como para pelear, pero la fuerza de los ministros que se ubicaban detrás de ellos era tal que la primera cuña fue conducida poderosamente al corazón del campo enemigo.

Finalmente se abrieron paso y rodearon por completo al ejército enemigo. El Ejército de Dios comenzó a matarlos, en el campo corría sangre. Entonces, de pronto, los guerreros de Dios, tanto los viejos como lo jóvenes, empezaron a correr hacia el campo que yo había visto en el principio de la visión, el campo en donde había fuego y humo.

La cuña, clásica maniobra militar, está formada por tropas que entran al centro del fuerte enemigo. Luego los flancos de la cuña emplean una táctica que consiste en rodear al lugar. La cuña tiene notables ventajas militares, tanto en el reino natural como en el espiritual. Provee una máxima protección para el frente de la formación, y resulta más fácil de controlar para los comandantes. Es una formación comprometida a avanzar, pero posee mínima protección para la retaguardia.

LA

UNIDAD

ES LO

ÚNICO

QUE PUEDE

LLEVAR A

UNA

UNCIÓN

EXPONENCIAL.

De un modo impresionante, la armadura de Dios en Efesios 6:13-17 es equivalente en su diseño a adelantarse a los empujones contando con mínima protección en las espaldas. El Ejército de Dios también es similar en el compromiso de avanzar contra el enemigo. La fuerza de cualquier formación táctica es el entrecruzamiento del campo visual con el de fuego, apoyado en sectores de cobertura asignados para cada elemento. Un elemento débil puede causar desastres.

En la visión, cuatro cuñas formaban una grande. Detrás de la primera había otras tres. Las cuatro cuñas formaban una sola cuña de esta forma: una estaba en el centro de la cuña principal y las otras dos con sus respectivas puntas en la retaguardia de la principal.

Este extremo de la cuña se abalanzaba sobre el fuerte del enemigo y cada fila de santos que iba detrás, se abría paso a la destrucción en todas partes. Cuando el campo enemigo recibió un enorme y profundo ataque, el Ejército de Dios flanqueó el campo enemigo rodeándolo por completo. Ningún demonio se escapó de este ataque, fueron totalmente rodeados y masacrados en el campo de batalla.

El enemigo muchas veces había derrotado al Ejército de Dios en el campo de batalla, pero esta vez las cosas eran diferentes. El Ejército de Dios provocaba que se dispersaran las filas enemigas y las masacraban a todas. El motivo de esta gran victoria fue gracias a la unción exponencial presente.

El Ejército de Dios necesita una unción exponencial

El apóstol Gary Kivelowitz habló de la unción exponencial en nuestra última conferencia masculina; sin embargo, no tuvo el tema sino hasta después de haber orado para saber de qué tema Dios quería que tratase. Ese es el momento en el que el Señor le dijo que hablara de unción exponencial. Gary no estaba seguro de qué significaba exponencial exactamente, así es que llamó a su hijo, Steve, experto en matemáticas, y le preguntó a él. Steve le proporcionó una breve definición y Gary le pidió un ejemplo. Steve dijo:

– Papá, si elevas el número 20 a la segunda potencia, eso es 20 veces 20, o sea, 400. Si elevas el número 20 a la tercera potencia, eso es 20 veces 20 y 20 veces más ese resultado, o sea, 8.000. ¡Eso es exponencial! 20 elevado a la cuarta potencia es 160.000 y 20 elevado a la quinta potencia es 3.200.000.

La unidad enciende la unción exponencial

El poder de la cuña era imponente debido a que la unción se multiplicó en el campo de batalla. El día de Pentecostés hubo una unción exponencial cuando ciento veinte creyentes estaban reunidos en un mismo lugar, y se les aparecieron lenguas como de fuego (ver Hechos 2:1-4).

La unidad es lo único que puede llevar a una unción exponencial. Es verdad que Dios está restaurando el poder, pero la razón por la que lo hace es porque Él restaura la unidad. Una vez que tengamos unidad, Él otorgará el poder y la autoridad.

La Iglesia ha intentado alcanzar el poder antes de alcanzar la unidad, pero de esa manera no funcionan las cosas. ¿Qué tenían las ciento veinte personas de ese día de Pentecostés? ¡Tenían unidad! Oraban juntos, ayunaban juntos, vivían juntos, creían juntos (ver Hechos 2:38-42). Se comprometieron a no salir de ese lugar hasta que el Espíritu no viniera. Fue en esa clase de unidad en la que descendió el poder de Dios.

Vemos el poder exponencial de la unidad en Deuteronomio 32: 30: *"Pues, ¿cómo un solo enemigo puede perseguir a mil de ellos y cómo dos poner en fuga a diez mil?"* Esta es la clase de poder que vi en el campo de batalla. El enemigo no era digno rival para el Ejército de Dios.

Siempre habrá obstáculos para la unidad; es común, dondequiera que se predique el evangelio, que la oposición venga de adentro. La oposición vendrá de gente que forma o formó parte de nuestro ministerio. Lucifer se sublevó contra el Padre en el cielo, Jesús lo tuvo a Judas en la Tierra; en alguna oportunidad experimentarás la rebelión.

UNIDAD; REBELIÓN, NO

Tim Martin, el pastor más antiguo de New Life Christian Fellowship (Comunidad Cristiana de la Vida Nueva) de Imlay City, Michigan, cuenta esta historia acerca de gente que se reveló contra él mientras formaban parte de su ministerio. Lo triste de esta historia es que es una historia común. Cualquier pastor puede contar historias muy similares a esta que le sucedió al pastor Tim.

Algunos hombres llegaron como pastores asistentes y, al principio, Tim pensó que tenía una buena relación con estos hombres. Después de un tiempo Tim pudo ver que estas personas no se interesaban por el Cuerpo, porque carecían de mentalidad en equipo. Lo que realmente querían era un puesto y reconocimiento para usarlos como lanzamiento para sus propios ministerios. Un hombre que inició su propia iglesia, de hecho llamó a cada miembro de la iglesia de Tim y les dijo:

– Hey, estamos en esta misma calle, ¿por qué no vienen y se unen a nosotros?

Tim clamó ante el Señor:

– Dios, ¿qué estoy haciendo mal? ¿Qué hice para crear a este monstruo? ¡Ayúdame! ¿Qué hago?

Aquí no surgió el problema porque Tim hizo mal las cosas: estas cosas simplemente suceden. Le sucedió al Padre, le sucedió a Jesús y nos sucederá a nosotros. Considero que esta clase de rebelión impedirá que el rebelde sea responsable de cualquier clase de ministerio futuro que valga la pena. Dios odia la rebelión. Creo que el rebelde nunca dirigirá a ningún hombre en el campo de batalla.

A un rebelde se lo relega a un puesto menor al que fue llamado a realizar originariamente.

Estrategia de formación de la cuña del Éxodo

La cuña es una estrategia que se encuentra en su forma más sencilla en Éxodo 18:21. Jetró, suegro de Moisés, le dio este consejo a su yerno: *"Pero elige entre los hombres del pueblo algunos que sean valiosos y que teman a Dios, hombres íntegros y que no se dejen sobornar, y los pondrás al frente del pueblo como jefes de mil, de cien, de cincuenta o de diez"*. La clásica estrategia de la cuña es nombrar algunos que sean valiosos y que teman a Dios, hombres íntegros que no se dejen sobornar, que no renuncien a llevar a otros al corazón de la batalla.

La formación de cuña viene del tiempo de Moisés. Esto no me sorprendió porque sabía que el plan se le había dado a él. Lo que me sorprendió fue que Moisés estaba en la cuña. Todo lo que hizo y enseñó durante su vida, produjo muchos avances en el campo enemigo y trazó un camino para que otros lo siguieran. Todos los hombres y mujeres de Dios del Antiguo Testamento estaban en la cuña. Lo que hicieron durante sus vidas fue trazar un camino para aquellos que estaban detrás de ellos.

Entre las filas que siguieron este camino se encuentran los santos del Nuevo Testamento: Pablo, Pedro, Lucas, Juan, Mateo, Bernabé y otros. Todos estuvieron allí, adelantándose a empujones, con gran gozo, en el tiempo de batalla. Aunque los identificables se ubicaban al frente de las cuatro cuñas –que formaban una sola cuña– los santos anónimos que se ubicaban detrás eran los más poderosos. Estos santos poderosos usaban lo que hicieron otros previamente, para forzar su camino hacia delante, empujando a los santos que iban delante de ellos.

Debido al formidable impulso, parecía no haber resistencia del enemigo. El ímpetu venía de los siglos de preparación de la cuña. La cuña comenzó como un concepto en el libro del Éxodo y creció a la par que crecía la unidad dentro del Reino.

En la actualidad la cuña todavía está formándose y los guerreros más fuertes todavía están por venir. Ellos ocuparán su lugar en la parte de atrás del triángulo y empujarán a aquellos que se hayan adelantado al fuerte del enemigo.

CADA BATALLA TIENE UNA ESTRATEGIA DIFERENTE

Cada batalla que Israel peleó en el Antiguo Testamento, requirió de una estrategia diferente. Algunas veces una batalla requería del toque de los cuernos y del griterío, como lo hizo Gedeón; otras veces requería solamente de una piedra lisa, como la que usó David; otras veces era necesaria una marcha de una semana de duración, como en el caso de Jericó. La mayoría de estas batallas, obviamente, utilizaban la estrategia empleada por Moisés: la cuña. Un líder decide en su corazón que hará avanzar al reino en batalla, lo hace y, en consecuencia, otros lo siguen en su camino.

En 1500 Martín Lutero comprendió que la salvación no era por medio de las obras, sino más bien por medio de la fe a través de la gracia de Dios. La fe y la gracia no son una revelación para el cristiano moderno. De hecho, la mayoría de los cristianos probablemente aprenden eso en su primer día como creyentes. De todos modos, para Martín Lutero, esto fue un gran descubrimiento. Él pudo usar esta revelación para abrir enormes brechas en el campo enemigo y muchos siguieron su ejemplo. Martín Lutero se volvió parte de la cuña a causa de lo que logró en su tiempo.

CAPÍTULO 10

EN LA LUCHA DE LA BATALLA

FIRMES EN LA FIDELIDAD DE DIOS

Súbitamente el cielo se llenó de objetos que volaban por encima de las cabezas. Estas cosas provenían de las casas que yo había visto cómo se construían. Comprendí que esos objetos voladores, en realidad, eran las oraciones de los santos, que hacían guerra espiritual y derribaban poderes y principados.

Guerreros que eran evangelistas entraron al campo donde había fuego y humo. Allí, debajo del humo y del fuego, alcanzaban y sacaban almas doradas. Mientras hacían esto, comenzaron a formarse canastas de almas doradas en medio del campo de batalla. Se hizo una fila de estas canastas, la que se dirigió de regreso a las casas que habían sido construidas.

Algunos hombres salieron corriendo de entre medio de la batalla. Al principio creí que eran cobardes, pero el Señor dijo:

– Esos son mis pelotones de pastores que regresan para reunir la cosecha en mi casa, y así encargarse de levantar generación tras generación hasta que yo venga.

Los santos, jóvenes y viejos, hombres y mujeres, blancos y negros, morenos y amarillos, elevaban plegarias al cielo. Estas plegarias eran tan poderosas que podían sentirse como proyectiles que volaban por encima de las cabezas. El ministerio del guerrero de oración había alcanzado un nivel de madurez que había llegado a formar su propia cuña contra el enemigo.

Muchos guerreros de oración inadvertidos y poco valorados a través de los años, ahora reunían las tropas en la casa. Había una unción de oración en las casas, y estas personas buscaban a Dios como nunca antes lo habían hecho. Las casas estaban llenas de todos aquellos que no podían ir al campo, pero que sentían el llamado a arrodillarse y a postrarse en las casas, y a destruir a los poderes y principados a través de la oración. Sus oraciones eran precisas, no se quedaban aleteando en el aire, podían centrar la puntería sobre el objetivo con total precisión. El enemigo no tenía defensa para este ataque y se tambaleaba bajo la embestida.

Debido a las oraciones que se elevaban, el enemigo no tenía forma de resistir a los evangelizadores que ahora podían ir a cosechar almas en los campos y traerlas a la casa, donde serían cuidadas. Se le daba mucha importancia a traer a las almas a las casas nuevamente. Mientras estuvieran fuera de las casas, todavía estaban en peligro

Bajo una barrera de fuego y humo, los guerreros evangelizadores tomaban y sacaban almas del campo.

El don de un evangelizador es llegar a lugares oscuros donde haya fuego y humo, y traer de la oscuridad las almas a Cristo.

LA ÚLTIMA LLUVIA

En Zacarías 10 se indica que la última lluvia será más grande que la anterior. Dios me habló por este tema en una oportunidad hace algún tiempo. Me preguntó:

— ¿Qué sucede entre la lluvia anterior y la última? Si hubiera una lluvia anterior –lo cual significa que vino del pasado– y la última lluvia fuera la que viene, ¿qué sucederá entre las dos?

El Señor me mostró que entre la antigua lluvia y la última hay un vapor –condensación– que debe venir de la Tierra y formar nubes. La lluvia no puede venir nuevamente hasta que el vapor de la Tierra no llegue a las nubes. El Señor reveló que la última lluvia es una retribución de nuestras plegarias.

Hechos 10:4 dice que nuestras plegarias llegan ante Dios como ofrendas memoriales. Si oramos por renovación, recibiremos renovación; si oramos por sanidad, recibiremos sanidad; si oramos por otros, serán bendecidos. Cualquier cosa por la que oremos ascenderá como vapor a las nubes y hará brotar la lluvia. La lluvia final es la suma total de oraciones que elevan todos los santos, y que se derrama sobre la Tierra.

Le pregunté a Dios:

– ¿Cómo se relaciona esto con lo que hacemos?

Él contestó:

– La renovación no vendrá, a menos que oren por una tormenta, y esa tormenta será la última lluvia.

Hay tres cosas que Dios quiere lograr con la última lluvia:

1   Renovación

2   Restauración

3   Reformación.

Esto es, renovación y restauración de la Iglesia y reformación de ciudades y países. Pero la reformación de ciudades y países no se llevará a cabo, a menos que haya habido renovación en la Iglesia y restauración de la misma. Actualmente estamos ubicados en algún punto entre la lluvia anterior y la última. De nosotros depende que las nubes del cielo se llenen.

El señor me dijo una cosa más:

– Si el cristianismo se trata de caminar en mi presencia, ¿por qué no puede encontrarse la oración en el surtido de iglesias promedio? Mi casa será una casa de oración, pero el hombre ha establecido programas y los ha puesto en el lugar que le corresponde a la oración.

HACER EL TRABAJO DE UN EVANGELIZADOR

Cualquier librería cristiana cuenta con muchos libros de evangelización. Algunos planes evangélicos son muy elaborados y otros son muy sencillos. Tan solo porque un plan evangélico le de resultado a otra iglesia, no significa que así resultará en tu iglesia. Cualquiera sea la estrategia, el plan siempre va a depender de lo esencial. Si una iglesia no ora para reunir más almas, no obtendrá ninguna. Es así de simple. Algunos de los planes más eficaces resultan ser los más simples si la iglesia está dispuesta a orar.

El pastor Scott Loughrige tiene un sencillo plan evangélico que funciona. Su iglesia construye el Reino porque están dispuestos a orar. Un domingo por la mañana él emplea de tres a cinco minutos para enseñar un poquito más sobre lo que es la evangelización. Mientras Scott habla, le pide a la congregación que saque papel y anote los nombres de las personas que quieran ver salvadas. La gente escribe nombres, y luego les pregunta si hay alguien en la iglesia que haya sido invitado pero no rescatado. Si hay una respuesta, les pide que anoten esos nombres.

Entonces la congregación llega al acuerdo de orar por esos nombres, pues comprenden que estas personas serán salvadas. El pastor Scott dice:

> Ya es hora de que comencemos a orar por los que amamos antes de que se produzca la salvación, al comprender que así sucederá. Ponemos tan solo un nombre en ese trozo de papel y oramos por él hasta que el individuo sea rescatado. Nos gozamos en el Señor porque sabemos que algunas de esas personas serán rescatadas esa semana.

Luego de orar Scott les dice que no es suficiente con orar y nada más, que ahora deben ir a visitarlos o invitarlos a comer. ¡Esta práctica tan simple, funciona! Con este método se han salvado sesenta personas en los últimos dos meses. Scott pone énfasis en darle a la gente entrenamiento práctico… y después lanzarlos a que lo lleven a cabo.

No hace falta que seamos evangelizadores dotados, ni que lleguemos a lugares oscuros y peligrosos para rescatar almas. Todos podemos hacer el trabajo de un evangelizador, pero este siempre debe comenzar con la oración.

NO SON COBARDES

Debería haber sabido que esos pastores no huían de la batalla, porque los verdaderos pastores nunca lo harían, se gozarían en ella. Ellos corrían a lo que aman hacer aún más que ir a la batalla. Corrían a juntar almas. Los pastores aman reunir, al igual que al pastor de ovejas que reúne a las ovejas. Comenzarían a nutrir y fortalecer a estos nuevos creyentes. Todos los pastores quieren que sus hijos crezcan sanos y fuertes para algún día poder formar parte de la cuña de Dios contra el enemigo. Un verdadero pastor visualizaría a sus hijos en el futuro, a sus espaldas, lo que lo empujaría a él mismo para atravesar el campo del enemigo y destruir sus fuertes.

Los pastores deben ser hombres de gran coraje. No deben ceder a la opinión pública o ser influenciados por los grandes donadores del ministerio. Dios anhela una nueva clase de líderes. Desea un líder que sepa que su llamado no proviene de un consejo eclesial, sino de Él mismo. El pastor debe comprender que es llamado a habitar, cavar un pozo, construir un altar y hacer prosperar y crecer a una nación en el lugar que pastorea.

LOS PASTORES DEBEN SER HOMBRES DE GRAN CORAJE. NO DEBEN CEDER A LA OPINIÓN PÚBLICA O SER INFLUENCIADOS POR LOS GRANDES DONADORES DEL MINISTERIO.

MANTENTE FIRME

Años atrás, la segunda iglesia que pastoreé fue una iglesia bautista que estaba llena del Espíritu Santo. La iglesia tenía alrededor de cien miembros cuando llegué allí, y después de un año aproximadamente, teníamos quinientos. ¡Luego de mi primer año allí, el consejo eclesial me pidió que fuera a una reunión en la que tuvieron la intención de despedirme! Dijeron:

– Te estamos despidiendo, Hermano Kelly; a partir de mañana no corre más tu sueldo.

Dije:

– ¡Está bien! Estoy de acuerdo.

– ¿No estás molesto?

– No, no estoy molesto.

Los miembros del consejo preguntaron:

– ¿Qué vas a hacer?

– Predicaré el domingo por la mañana.

– ¡Pero te despedimos!

– Sí, lo sé. Pero Dios es el que me contrató y me voy a quedar hasta que Él me diga que lo haga. Mi llamado y unción son para este lugar y no voy a dejarlo. Y lo que es más, quiero que todos ustedes, miembros del consejo, se marchen.

El consejo completo se marchó de la iglesia, y la iglesia creció y Dios la bendijo. Tuve que tomar una decisión; no iba a permitir que un consejo eclesial no bíblico y en la carne me sacara del lugar donde Dios me había puesto.

SURGEN LOS CIMIENTOS

Luego vi apóstoles y profetas en el campo de cosecha, en el de batalla y de regreso a las casas. Los profetas profetizaban y las partes del Cuerpo comenzaban a reunirse. Los apóstoles enseñaban tácticas y estrategias. Pude contemplar cómo una poderosa fuerza combatiente tomaba forma bajo el mando de los apóstoles. Se llevaba a cabo una cosecha y, simultáneamente, se la convertía en una fuerza de combate.

Todos sabemos lo que hacen el pastor, el evangelizador y el maestro. Sin embargo, en lo que respecta al profeta y al apóstol, existe confusión. Algunos dirán que los apóstoles y profetas ya no están en la Iglesia porque ya no son necesarios. Pero, en referencia a los miembros del ministerio quíntuple, Efesios 4:13 dice que todos permanecerán en la Iglesia *"hasta que todos alcancemos la unidad en la fe y el conocimiento del Hijo de Dios y lleguemos a ser el hombre perfecto, con esa madurez que no es menos que la plenitud de Cristo"*.

TRES CATEGORÍAS

En mi visión observé que había tres categorías básicas de apóstoles y profetas: aquellos en el campo de cosecha, aquellos en el campo de batalla y aquellos en la casa. En el nuevo milenio pronto veremos grandes cambios en estas tres áreas, debido a su estrategia, sabiduría y habilidades para construir. Serán utilizados para traer unidad a los ministerios que fueron fragmentados y que están desorganizados.

Cuando Jesús eligió a los apóstoles originales, ellos eran inmaduros; todavía no estaban maduros y preparados. Cuando los profetas del Antiguo Testamento fueron llamados, por lo general, eran inmaduros. Maduraban después de un período de tiempo.

Lo que sucede en los '90 es que el apóstol y el profeta están llegando a la mayoría de edad y, debido a su madurez, provocarán un impacto enorme en el Cuerpo de Cristo. ¡Las cosas no permanecerán iguales en el Cuerpo de Cristo! ¡Habrá gran victoria en el campo de cosecha, en el campo de batalla y en la casa!

¡MUÉSTRANOS!

Entonces todo cesó. En visión o sueño, nada más se me apareció. Luego el Señor me dijo:

– No te mostraré el resto, ya que eso no es para que

lo sepa ningún hombre. Hay hombres en mi ministerio que quieren una garantía del tiempo final. Quieren saber de antemano lo que va a suceder. Diles que es una batalla y que, sin embargo, hay una unción colectiva para la batalla.

El Señor me mostró que el otro grupo también estaba ungido –el grupo que había sido derrotado por el enemigo con facilidad–.

– La suya era una unción individual –continuó– y cada hombre estaba por sí mismo en el campo de batalla. Debido a que estos carecían de unción corporativa, cuando un guerrero era atacado no había otros guerreros allí para ayudarlo a defenderse del enemigo. ¡No peleaban espalda con espalda! Por otro lado, cuando uno tiene mi unción corporativa y el enemigo ataca, es como si atacara a todos los que conforman mi Ejército. La victoria no llegará por medio de la ferocidad de un solo guerrero, sino más bien por medio de la ferocidad de los hermanos y hermanas que se le unen en la batalla.

En Deuteronomio 32:30-31 dice: *"Un solo enemigo persigue a mil de ellos y dos ponen en fuga a diez mil, ¿no será porque su Roca los ha vendido, porque Yavé los ha entregado? El enemigo, su roca no es como nuestra Roca, no hay sabiduría en nuestros adversarios"*.

Hay tres hombres en este pasaje bíblico: un hombre está solo y apartado de otros dos hombres. El hombre que está solo tiene algo de éxito, pero tan solo es una quinta parte de lo exitoso que son los otros dos hombres juntos. Ahora bien, si este hombre se suma a los otros dos, estaríamos frente al comienzo de la unción exponencial. De hecho, la forma en la que Dios multiplica es todavía más grande que la ecuación matemática exponencial, porque Dios dice que uno más uno es igual a diez mil.

Únete a otros

Todo cristiano tiene una unción, y aún cuando esté solo puede tener algo de éxito. Pero lo que el Espíritu le dice a la Iglesia de hoy es que tomen su unción y se unan a hermanos y hermanas que tengan su misma ideología, que quieran construir el Reino. Uniéndote a otros, estarías sumándole –un tercio, un cuarto, un quinto, etc.– a la ecuación exponencial.

Somos piedras vivas que somos edificadas para pasar a ser una casa espiritual (ver 1 Pedro 2:5), y el apóstol es el albañil. El apóstol hará lo que Nehemías hizo cuando restauró Jerusalén (ver Nehemías). Las piedras que se habían caído y que estaban diseminadas por todas partes, fueron utilizadas una vez más para construir el muro. El pastor Joe Warner lo expresa de este modo:

> Nehemías conocía el valor increíble de las piedras quemadas, y usó estas piedras para reconstruir una ciudad entera. Las sacó de la suciedad, les quitó el polvo de encima, las limpió y volvió a ponerlas en el muro.

Piedras abusadas y rechazadas

El apóstol es el que tomará las piedras que fueron quebradas, abusadas y rechazadas, y las pondrá en el muro otra vez (ver Nehemías 2:17; 3:2).Él encontrará estas piedras vivas en el campo de cosecha, en el de batalla y en la casa, y las ubicará donde puedan usarse sus talentos y dones.

La vasta mayoría de lo que Jesús enseñó era acerca de restauración. Hay muchos ministros fieles del evangelio que han sido abusados, abandonados y olvidados. Recibieron este maltrato de su denominación, de su pastor, de un colaborador o de un amigo.

Urías, esposo de Betsabé, era un soldado leal del ejército de David. Sin embargo, fue abandonado intencionalmente al frente de la batalla para que lo mataran, y el hombre que abandonó intencionalmente a Urías era un hombre conforme al propio corazón de Dios: David (ver 2 Samuel 11:6-21). Al igual que Urías, muchos ministros han sido abandonados al frente de la batalla. En muchos casos han sido ubicados ahí por los bien intencionados, pero abandonados y sin ningún apoyo –financiero, de oración, de supervisión, de entrenamiento, de colaboradores–. El enemigo fácilmente los arranca porque se han quedado sin apoyo, como es el caso de Urías.

UNA CONFIRMACIÓN

El pastor Dion Boffo le dio una confirmación poderosa a mis sueños y visiones en nuestra Conferencia Ministerial Masculina. Justo durante la alabanza y la adoración antes de mi compartir sobre "El Guerrero todopoderoso y el ejército de Dios", el pastor Boffo contó lo siguiente acerca de su propia visión:

> En el espíritu, vi que una gran batalla se llevaba a cabo. En el campo de batalla vi el combate mano a mano. Vi a los ejércitos del Señor desorganizados. Oí hombres que clamaban:
>
> – ¿Dónde está el arca? ¡No podemos vencer sin el arca!
>
> Muchos hombres peleaban con valentía pero no tenían éxito. Esperaban un arca que no venía. Luego vi a los hombres enviados a traerla. Intentaban cargar el arca en medio de toda esa locura. Trataban de luchar contra el enemigo y sujetar el arca al mismo tiempo. Tenían que traer el arca con urgencia. Siguieron, la dejaban caer y la levantaban, pero se tambaleaba y los contenidos se derramaban. La forma en la que la levantaban y trataban de cargarla realmente era una vergüenza. Mi espíritu estaba afligido.
>
> Vi al apóstol Kelly, al apóstol Cannistarci y a otros, reunidos en lo que parecía ser como una especie de refugio contra bombas. Hacían planes y fijaban estrategias. Ocasionalmente una bomba venía de lejos y explotaba. El

apóstol Kelly agachaba la cabeza, caía polvillo del techo y continuaba con lo que hacía. Se veía un tanto molesto porque las bombas se acercaban.

De pronto oí una voz que tronó:

– ¡John, levántate! ¡Envía a tus hombres! ¡Ve a traer el arca!

Kelly inmediatamente se puso de pie y estaba algo confundido, como si fuese otro el que se suponía que ya lo tendría que haber hecho. Como Kelly se quedó allí de pie, Dios habló otra vez:

– ¡Ve a enviarlos, ahora!

Entonces vi a un grupo de hombres todopoderosos –por falta de un término mejor para describirlos–. Eran hombres poderosos que caminaban juntos. No hablaban, pero se protegían unos a otros mientras avanzaban. Parecía que la batalla que rugía alrededor de ellos no los afectaba. Caminaban en dirección recta a través de toda la locura. Lanzaban al enemigo como a muñecos de trapo y se abrían paso a empujones con sus propias fuerzas de amistad. Lo que resulta interesante es que avanzaban juntos con un propósito: traer el arca. Destruían todo lo que se les interponía en el camino. Con una bofetada o una patada, apartaban al enemigo. No tenían intenciones de batirse en combate con el enemigo, a menos que se viera amenazado su objetivo tan definido.

Cuando los hombres llegaron a donde estaba el arca, no hablaron. Todos retrocedieron. Juntaron los contenidos y volvieron a ubicarlos en el arca. Todos mantenían sus posiciones. Algunos juntaban las cosas mientras otros parecían estar de pie con reverencia, en guardia. Un gran sentido de respeto los rodeaba. Con precisión, pusieron en orden el arca, la levantaron y comenzaron a cargarla para llevarla de regreso. Este proceso completo era ejecutado con reverencia y en adoración.

Ese fue el final de la visión del pastor Boffo, que interpreta su visión de esta manera:

1. Se tenía conciencia de que lo que hacía falta era la presencia del Señor.

2. Aparentemente, el primer grupo enviado para traer el arca tenía buenas intenciones, pero no estaban entrenados en absoluto, eran indisciplinados y faltos de fortaleza, reverencia, sabiduría y perspectiva. Quienquiera que los hab ía entrenado, no lo había logrado.

3. Tercero, debido a la falta de entrenamiento, había una falta de respeto total por las cosas de Dios; es decir, tanto por las cosas que estaban en el arca como por el arca en sí. En sus mentes la presencia de Dios se encontraba en una cosa más que en una realidad del ser. Las tres cosas del arca representan el sacerdocio de Dios –la vara–, la provisión de Dios –el maná– y los preceptos de Dios –los Diez Mandamientos–. Debido a la falta de respeto –dar por sentadas las obras del Señor, a saber, el pecado– su presencia no estaba allí.

4. El segundo grupo de hombres que fueron enviados eran muy fuertes individual y corporativamente. Estaban arraigados, afianzados, santificados, seguros y en condiciones de mantener sus puestos, comprendían su propósito y no se distraían del objetivo.

5. Finalmente, aquellos que saldrán victoriosos en la batalla deben ser hombres bajo autoridad. Deben ser justos y santos, bien preparados y ejercitados en la santidad. Y en cuanto al apóstol Kelly, considero que Dios en la visión lo incita a enviar hombres fieles

que lleven la presencia de Dios a la batalla y cambien el curso en el empujón final de la evangelización mundial.

LA GUERRA

Hay varias maneras de apreciar la guerra espiritual: primero, está el punto de vista espiritual, en el que todo lo que cuenta es la oración, destrozar las fuerzas del mal en lugares celestiales y continuar haciéndolo hasta que venga Jesús. Segundo, está el punto de vista en el que se considera que todo está predestinado y que no se necesita hacer nada, porque los justos heredarán la Tierra, no importa lo que hagan. Creo que ambos puntos de vista tienen algo de mérito, puede decirse mucho sobre el punto de vista en ambos casos acerca de la guerra espiritual.

Lo que veo como un plan de Dios es que el Cuerpo de Cristo reemplace toda oscuridad con su Reino, que tome autoridad en cada reino y actividad en la Tierra, y que reemplacen el reino de la oscuridad por el reino de Dios en los reinos económicos, políticos, judiciales y educativos.

ADÁN Y EVA FALLARON

Cuando Dios creó a Adán y Eva, los puso en el jardín del paraíso. Luego les dio autoridad y les ordenó que fueran fecundos y que se multiplicaran y sometieran a la Tierra (ver Génesis 1:27-30). Es decir, tenían que ampliar el jardín, pero fallaron.

Con la primera venida de Jesús se le dio al hombre otra oportunidad de dominar sobre la Tierra. Creo que Dios nos ha llamado a hacernos cargo del planeta. Nos ha dado autoridad sobre cada poder y principado, pero eso no significa tan solo que hay que tomar autoridad sobre cada demonio, sino que hay que tomar autoridad sobre todas las cosas de cada reino. Él es el Señor de todo, y si Él está en nosotros, reinará sobre cada reino a través de nosotros, sobre los reinos económicos, políticos, judiciales y educativos.

LAS LIMITACIONES NO PUEDEN LIMITARNOS

Todos tenemos limitaciones. Si tu coeficiente intelectual es de ciento noventa, no es de ciento noventa y uno. Si tienes un doctorado probablemente no tengas dos. Si tienes cuatro años de experiencia en tus actividades, no tienes cinco. Todos somos limitados, cada uno de nosotros, pero con la sabiduría de Dios, el conocimiento de Dios, la difusión de los pensamientos de Dios que están en nosotros, podemos hacer de todo (ver Filipenses 4:13).

La Iglesia es una Iglesia de poder infinito. Dios te ha llamado para que seas un éxito ahí donde te encuentres. ¡No eres un ministro de segunda clase! Eres un ministro de primera clase del reino de Dios, Él es el vencedor que comparte su gracia, sabiduría, poder y fortaleza con todos los que conoce.

Si trabajas en el ámbito de la construcción, sé un ministro de Dios de primera clase en el lugar que trabajes; si enseñas, sé un ministro de Dios de primera clase en el aula; si eres vendedor, sé un ministro de Dios de primera clase en tus ventas, inclusive en las que son telefónicas; ¡sé el constructor del reino de Dios!

Si estás en el colegio, no digas: "Solo soy un estudiante". Eso puede aplicarse con respecto a lo que en apariencias ven los impíos de ti, pero para los devotos eres un ministro que sirve a Dios en ese colegio, como estudiante. Ese es el campo de tu misión. Ahí es donde Dios va a usarte, no solo para traer a los perdidos, sino para que te hagas cargo de tu entorno. Justo en el lugar donde se te ha ubicado es en el que comienzas a construir el Reino. Las Sagradas Escrituras dicen:

> *"Un solo enemigo persigue a mil de ellos y dos ponen en fuga a diez mil, ¿no será porque su Roca los ha vendido, porque Yavé los ha entregado? El enemigo, su roca no es como nuestra Roca, no hay sabiduría en nuestros adversarios"* (Deuteronomio 32:30-31).

Dios está con nosotros. Ahora es el tiempo de ser valientes, fieles y verdaderos en la pelea de la batalla. Individual y corporativamente, Dios quiere que seamos los constructores de su Reino, sus vencedores, sus guerreros del tiempo final.

RECURSOS

Puede obtenerse información adicional, material, cintas y citas para charlas referentes a la International Coalition of Apostles (Alianza Internacional de Apóstoles), si llamas al número telefónico indicado abajo, o a través de e-mail.

Oficina: 817-428-1483

E-mail: ICAJPK@yahoo.com

Esperamos que este libro haya
sido de su agrado.
Para información o comentarios,
escríbanos a la dirección
que aparece debajo.
Muchas gracias.

Libros para siempre

i n f o @ p e n i e l . c o m
w w w . e d i t o r i a l p e n i e l . c o m